DEUX MOIS D'ÉMOTIONS,

PAR

Mme LOUISE COLET.

PARIS.

DEUX MOIS

D'ÉMOTIONS.

OUVRAGES DU MÊME AUTEUR :

Les Fleurs du Midi, poésies. 1 vol. in-8.
Le Musée de Versailles, poème couronné par l'Académie française.
Penserosa, poésies nouvelles. 1 vol. in-8.
La jeunesse de Goethe, comédie en un acte, en vers.
Les Funérailles de Napoléon, poème.
Charlotte Corday et madame Roland, tableaux dramatiques en vers. 1 vol. in-8.
Le Monument de Molière, poème couronné par l'Académie française.

OUVRAGES EN PROSE :

Une traduction de la Tempête de Shakespeare.
La Jeunesse de Mirabeau. 1 vol. in-8.
Les Cœurs brisés. 2 vol. in-8.

SOUS PRESSE :

Folles et Saintes. 2 vol. in-8.

DEUX MOIS
D'ÉMOTIONS,

PAR

Mme LOUISE COLET.

PARIS.
W. COQUEBERT, ÉDITEUR,
RUE JACOB, 48.
—
1843.

PRÉFACE.

LA PROVINCE ET LES PROVINCIAUX.

16 juin 1843.

Il y a huit jours, saisie par le froid, ressentant cette espèce de spleen que les pluies incessantes donnent aux enfants du Midi, je contemplais de la fenêtre de mon quatrième étage l'immense panorama de Paris qui se déroulait devant moi : au premier plan les charmantes habitations de la rue Blanche et des rues adjacentes ; les massifs d'arbres du beau jardin de Tivoli ; puis, ce vaste amas des toitures de l'immense cité, accidentées çà et là par les faites des monuments ; les dômes inégaux de la Salpétrière et du Panthéon ; du Val-de-Grâce et de la Sorbonne ; de la Chambre des députés et des Invalides ; puis les tours de Notre-Dame, celles de Saint-Sulpice, la colonne de la place Vendôme où veille l'empereur ; au loin, l'arc-de-triomphe de l'Étoile, admirablement découpé sur la teinte rose d'un pâle soleil couchant ; plus loin encore, le Mont-Valérien, où déjà s'élèvent à demi les forts détachés ; constructions encore inachevées qui, à distance, ont l'aspect pittoresque de vieilles constructions en ruine; enfin, à l'horizon, comme un cadre au tableau, les verdoyants côteaux aux pentes insensibles qui bornent au midi la campagne parisienne. Cette vue imposante d'une cité reine, digne d'être reproduite par le pinceau de Martinn, cette vue, qui par un soleil éclatant est si belle et si animée, était ce soir là d'une accablante tristesse : sombre anomalie ! Dans ce mois de juin, où d'ordinaire on respire des flammes, une pluie glacée inondait les arbres, les toitures et les monuments ; je voulus un instant résister à son irritante influence ; mais le froid de l'athmosphère me gagna, je fus contrainte de refermer ma fenêtre, et je me mis à rêver dans un fauteuil. Ma pensée s'envola où elle va toujours quand le travail ne l'absorbe pas, vers ce berceau que j'aime, vers ces terres où le soleil n'a que des voiles passagers qui se fondent dans ses flots de feu, où le sang bout, où l'ame se réchauffe à la chaleur du sang, et ne connaît pas ces heures froides et inertes qui sont un avant-goût de la tombe. Attirée vers ces régions brûlantes, je me rappelais les deux mois de repos que j'y avais vécu l'an passé, deux mois d'émotions tristes et douces à la fois ; halte au milieu d'une vie que les labeurs enchaînent, que la fatigue éteint. Pour un jour chaud savouré soit au bord de la mer, soit sur un rocher des Alpines [1], ou dans la fraîche pleine du Vistre [2], j'aurais donné tout ce printemps de glace dont je traînais le poids heure par heure sous l'atmosphère parisienne. Voulant me rattacher par mes sensations à ce temps regretté, je pensais à relire les pages que j'avais tracées sous ce beau ciel, impressions de voyage adressées à mes amis de Paris, et où je retrouvais tour à tour les sites, les drames, les habitants des lieux que j'avais parcourus. Je me plongeais dans ces souvenirs, et, vu à distance, tout me paraissait *beau* et *bon* dans ce cher pays natal ; les plaines brûlées, où des flots de poussière tourbillonnent, glissaient devant mes yeux en frais et riants mirages ; j'oubliais que ces jours chauds que j'aime tant font naître des fièvres épidémiques ; que ces soleils couchants si splendides sont souvent obscurcis

[1] Petite chaîne de montagnes qui s'étend à l'ouest de la Provence.

[2] Plaine de la campagne de Nîmes.

par des trombes de moucherons, qui pénètrent dans toutes les demeures, et dont la piqûre agaçante éloigne le repos des couches les mieux closes. Les impressions physiques, quelque désagréables qu'elles soient, s'effacent avec le temps, et cela se conçoit : l'ame les domine ; mais il faut une puissance plus grande pour effacer celles de l'esprit. Cette puissance, l'amour du pays l'exerçait en cet instant sur moi. Non-seulement la terre natale me semblait un Éden, mais encore les provinciaux me paraissaient *aimables, bons, tolérants, exclusivement vertueux*. J'embrassais mentalement les beaux horizons de ma Provence, et je revoyais avec attendrissement ses habitants aimés.

Je fus arrachée à ma rêverie par un coup de sonnette retentissant, tels qu'en font entendre en arrivant chez moi les visiteurs haletants. On m'annonça la belle comtesse de X*** ; elle arrivait d'Italie. Ses traits nobles étaient voilés par sa magnifique chevelure dorée, qui semblait garder encore les reflets de ce soleil chaud, dont j'aurais payé si cher quelques rayons en ce moment.

— Oh ! lui dis-je après les premières paroles de bienvenue échangées entre nous, que vous êtes heureuse ! non-seulement vous venez de parcourir l'Italie, cette terre de mes rêves, mais encore vous avez visité en passant Aix, Marseille, Arles, Nîmes, tous ces beaux lieux où je suis née, où j'ai vécu, où je voudrais vivre encore. Je n'ai plus qu'un desir : deux mois, deux mois des chères et douloureuses émotions que j'ai senties il y a un an, puis...

— Puis la mort, interrompit la comtesse avec un éclat de rire moqueur. Oh ! oh ! votre amour pour la Provence m'égaie ; je voudrais, pour vous en punir, vous condamner à vivre là-bas, loin de Paris, envers qui vous êtes ingrate, dont vous oubliez le climat sain, la délicieuse campagne, et par-dessus tout la société tolérante, aimable, intellectuelle.

— Mais tout cela est dans mon pays, lui dis-je, encore possédée par mon hallucination.

— Allons-donc, vous rêvez, ma chère. Aix est une ville *sépulcre*, où l'herbe croît dans les rues ; à Marseille j'ai craint de gagner la peste, tant les exhalaisons du ports sont infectes. Arles a déchiré mes pieds aux cailloux qui pavent ses rues ; à Nîmes, le mistral a manqué de me lancer contre un mur ; nos pluies parisiennes, que vous maudissez tant, me paraissent beaucoup moins redoutables.

— Mais le ciel, repris-je, en est-il un plus beau ?

— Bath ! répliqua dédaigneusement la comtesse, le ciel est monotone à force d'être pur.

— Mais les habitants ?

— Ils sont tout aussi monotones, en étant beaucoup moins purs.

— Ils sont bons, dévoués, enthousiastes, ils m'aiment, lui dis-je.

— En vérité, vous perdez la tête, et dussé-je vous faire de la peine, pour vous *désangouer*, je m'y résigne. Elle ajouta d'un ton plus sérieux : Notre pauvre espèce humaine est partout plus ou moins dénigrante, envieuse, querelleuse et jalouse, et cela se comprend jusqu'à un certain point : elle cherche de bonnes et mauvaises agitations pour combattre les chagrins et l'ennui qui la rongent ; mais comme nulle part on n'est plus en proie à l'oisiveté et partant à l'ennui qu'en province, c'est là que couvent surtout les foyers incandescents des petites haines, des fureurs mesquines, des rancunes invincibles ; et ne pensez pas que quelques aboiements légers traduisent les ressentiments de cette lourde espèce ; non, non, il leur faut de grosses ruades ; comme l'âne de la fable, contrefaisant le petit chien, ils ont des coups de pied au lieu de coups de pate. Dieu vous garde, ma chère, de ces féroces attaques.

— Mais Dieu m'en a gardé, lui dis-je, ils sont pour moi plein de courtoisie ; j'ai là mes impressions de voyage, je vous les ai communiquées, ne portent-elles pas l'empreinte de la satisfaction qu'un aimable accueil m'a fait partout éprouver ?

— Oui, l'an passé, ils vous ont fêtée, mais aujourd'hui.....

— Eh ! quoi ? lui dis-je en l'interrompant avec effroi.

— Aujourd'hui, ma chère, ils vous dénigrent ; vous les avez blessés au vif.

— Moi !.... comment ?

— Par ces impressions de voyage où vous pensiez leur avoir rendu hommage.

— Mais c'est impossible !

— Je viens de tous ces lieux ; j'ai vu et j'ai entendu ; vos amis mêmes sont un peu moins vos amis.

— Mais de quoi suis-je donc coupable, m'écriai-je ?

— Nîmes ne vous pardonne pas d'avoir rappelé ses haines religieuses, ses courses de taureaux et ses saturnales de théâtres ; ce sont là ses passions mauvaises, ses goûts barbares ; elle ne veut pas s'en défaire ; elle en est honteuse et elle défend qu'on en parle.

— Du moins, repris-je, les poètes, les artistes que j'ai nommés, ne m'en veulent pas de mes éloges ?

—Détrompez-vous ! les poètes ont trouvé vos louanges trop minces, et les célébrités locales que vous avez passé sous silence vous jugent fort impertinente d'avoir ignoré leur gloire.

Voilà pour Nîmes, lui dis-je ; mais Arles, de quoi pourrait-elle m'en vouloir ? — Là, vous avez pour vous les jeunes femmes ; vous avez vanté leur beauté, vous l'avez décrite avec amour, et elles prennent votre défense ; mais les doctes du pays vous accusent hautement de scandale, pour avoir fouillé dans les vieux cartulaires et réveillé dans leurs cercueils les folles vierges de Saint-Césaire.

— Marseille, du moins, n'a pas de griefs contre moi ? — Mais, au contraire, deux très vifs ! Vous avez parlé sans beaucoup de respect de sa foi à Notre-Dame-de-la-Garde et de son *levain* de légitimité.

Vous voyez bien que vous êtes pour Marseille *philosophe* et *démocrate* ; c'est-à-dire un être abominable. — Mais du moins mon berceau me reste, m'écriai-je, ma chère ville natale ne s'est pas unie contre moi à cette coalition de cités. — Je voudrais vous laisser cette illusion, me dit la comtesse en me prenant les mains d'un air sérieusement comique, il faut pourtant que vous sachiez la vérité, l'affreuse vérité ; elle vous éclairera et vous détachera de *l'ingrate patrie*.

— De quoi suis-je donc coupable ? je cherche en vain ; dans mes souvenirs sur Aix pas un mot ne m'est échappé qui ne respire l'affection la plus tendre, le respect le plus filial.

— Là, l'orage est venu d'un autre côté, et s'est amassé contre vous lourd, furieux, bruyant, comme ces pluies tonnantes du Midi, que vous préférez à nos placides pluies du Nord ! — Mais encore quel a été mon crime ? — Eh ! ma chère, n'avez-vous pas écrit la *Provinciale à Paris* ? Vous faites naître inconsidérément votre héroïne à Aix ; vous lui donnez le nom d'une famille que vous croyiez éteinte, comme celle des *Lapalisse*, mais qui a des héritiers en chair et en os, des alliances, des ramifications jusqu'en Béotie : gare à vous, plus de ménagement à espérer ; vous jouez avec l'honneur des familles nobiliaires, vous, pauvre bourgeoise, pauvre poète ! De quoi n'êtes-vous point capable ! Est-il bien sûr que vous n'ayez point commis quelque petit assassinat occulte ? N'êtes-vous pas par aventure une Brinvilliers ? cela est mis en doute ! Mais ce qui est bien certain, c'est que vous êtes une femme libre, une épouse rebelle, une mère dénaturée, une pédantesque bas-bleu, etc., etc.

— Et tout ce bruit pour une innocente bluette qui a fait sourire Paris ! Du moins mes amis ont pris ma défense ? ils ont opposé leur bon sens à ces folles criailleries ? — Vos amis ! vous oubliez qu'en province on est fort timoré. Les plus sages ont gardé le silence, les plus audacieux n'ont pas trouvé de meilleur moyen de vous venir en aide, que de nier que le malencontreux article fût de vous ? — Quoi *La Provinciale à Paris?* — Oui, *La Provinciale à Paris*, vos amis ont dit hautement que c'était d'un homonyme. — En vérité, comtesse, je ne vous crois plus : non contente de faire mes compatriotes méchants, vous les faites ridicules.

— Tout ceci est d'une exactitude rigoureuse, c'est

une leçon que je vous devais pour l'avenir. — Vous m'épouvantez ! si quelques fragments publiés dans les journaux ont soulevé contre moi de pareilles tempêtes, que sera-ce quand mon livre paraîtra ? il est sous presse, et peut-être notre causerie d'aujourd'hui lui servira-t-elle de préface. — En ce cas, attendez-vous à être lapidée si vous reparaissez jamais dans leurs murs. — C'est insensé ! — C'est très heureux pour nous, dit-elle avec un aimable sourire ; enfin, vous ne nous menacerez plus chaque année de votre exil en province ; vous nous restez forcément. — Mais mon beau ciel, mon soleil vivifiant ? — Il faut se faire un ciel intérieur inaltérable, un ciel de jouissances intellectuelles et de pures affections contre lequel l'atmosphère et le monde ne peuvent rien.

En cet instant l'orbe du soleil couchant se dégageant lumineux de son voile de nuages apparut au-dessus de l'arc de triomphe de l'Étoile. — Voyez, dit la comtesse, le printemps nous revient, demain vous aurez un beau soleil du Midi, moins la province et les Provinciaux.

Une douce petite voix se fit entendre à ma porte : j'ouvris ; ma fille, blonde et rose se jeta dans mes bras.

— Voilà le complément du beau ciel qui se prépare me dit la comtesse ; quoi ! avec cette enfant et vos amis, vous regrettez toujours votre pays, ajouta-t-elle d'un ton de tendre reproche ? — Je l'embrassai avec effusion. — Enfin vous voilà vaincue, à jamais convertie. — Mon Dieu excusez ma faiblesse, lui dis-je, il faudra pourtant que j'aille mourir là-bas, j'y suis née, c'est une attraction invincible.

LA MARQUISE DE GANGE.

A MADAME ANAÏS SÉGALAS.

I

Bellegarde, 20 août 1842.

Me voici bien loin de Paris, madame; de ce Paris que nous aimons tant, malgré tout le mal que nous en disons parfois du bout des lèvres tandis que nous l'habitons; mais à peine l'avons-nous quitté, que notre cœur se serre et se glace loin de ce grand foyer des vertus, du génie, de l'enthousiasme, de tout ce qui fait vivre l'homme d'une vie intelligente ; la tête encore remplie des grands bruits de la cité souveraine, l'esprit encore agité de ses grandes agitations : agitations politiques, agitations littéraires, agitations des intérêts rivaux, éléments divers de passions toujours en haleine. Je crois, de la solitude où je vous écris, sentir comme un retentissement intérieur de tout ce que je n'entends plus, et voir passer dans mon âme l'image des grandes scènes que je ne puis plus contempler. Quel beau spectacle que celui de ce noble peuple parisien si actif, si courageux, si fier, si indépendant, grâce à son amour du travail ! passion sérieuse qui l'élève et le conduit, qui le prend au berceau et l'accompagne à la tombe. Ces réflexions sur l'admirable activité de la population de Paris me viennent naturellement ici, où le peuple est doux, calme, honnête, mais si indolent que sa vie est comme un demi-sommeil. Et d'abord, que je vous dise que j'habite un village assez pittoresque, peu distant des bords du Rhône, à une lieue de Beaucaire et à deux lieues d'Arles. Ce village s'appelle Bellegarde ; il est bâti au pied d'un coteau, sur le versant duquel on voit le cimetière avec ses pierres blanches, ses croix de bois noir, et son enceinte de murailles à demi couvertes par les ronces et les mauves sauvages.

La situation du cimetière m'a fait remarquer qu'ici les morts étaient beaucoup mieux logés que les vivants, car sur ce coteau l'air est pur, vivifiant, et la contagion de la fièvre d'accès, presque épidémique cette année dans toute la contrée, est, à mi-côte, beaucoup moins à craindre que dans la plaine, où les marais qui se sont formés depuis les inondations du Rhône répandent les exhalaisons les plus dangereuses. J'ai reçu ici l'hospitalité chez d'excellents parents, qui occupent la seule habitation agréable du pays. C'est une grande maison blanche, entourée d'un vaste jardin et d'un parc dont les beaux arbres épurent et rafraîchissent l'air véritablement de flamme dans cette saison. Quand la chaleur est trop intense, je m'assieds sous ces ombrages, une source vive coule à mes pieds, je respire les aromes des fleurs, dont le parfum si vif dans les climats chauds se répand autour de moi. J'écoute le bourdonnement des insectes, et au milieu de cette atmosphère de vie, de bruit, de lumière et de chaleur bien aimée par nous, enfants du Midi, je lis, je rêve ou j'écris. Le plus souvent je rêve en écoutant le chant languedocien des villageoises qui viennent laver leur linge dans la source voisine; ma fille joue autour de moi ; elle coupe l'herbe et les fleurs avec ses blanches petites mains, elle ramasse les jolis cailloux du rivage, elle saute et jase, et parfois essaie un chant naissant, modelé sur les chants qu'elle entend. Après plusieurs années d'agitation et de travail, oh! qu'il est doux de rêver ainsi et de ne rien faire! Le spectacle de cette petite population agricole et paresseuse me délasse: il doit être facile de mourir ici, car on n'y vit réellement qu'à demi. A Paris on vit trop; c'est pour le cœur et pour l'intelligence une surexcitation de toutes les joies et de toutes les douleurs à la fois.

Cette nuit il a fait une pluie d'orage, pluie bruyante accompagnée d'éclairs et de coups de tonnerre : ces pluies d'été sont tellement abondantes, que parfois elles percent les toitures et administrent une douche inattendue aux dormeurs surpris.

La matinée, rafraîchie par l'ondée, m'a

permis de gravir le coteau où est situé le cimetière ; au sommet de ce coteau s'élève un immense débris de tour, qui servait, dit-on, autrefois de phare.

Ces ruines, d'une extrême solidité, rappellent un peu celles de la tour Magne ; elles pourraient bien également être romaines ; seulement, au moyen âge, des constructions doivent avoir été superposées sur les bases de la tour. Quoi qu'il en soit, ce vieux monument répand sur le village de Bellegarde comme un reflet d'ancienneté qui attache. Je me suis d'abord arrêtée au cimetière ; j'en ai franchi la porte. J'avais raison de vous dire qu'ici on ne devait point redouter la mort ; on la redoute si peu qu'on l'expose aux regards des passants dans toute son horreur, dans toute sa nudité. A part quelques tombes rares recouvertes d'une pierre tumulaire, les autres n'ont qu'un simple manteau de gazon, beaucoup même n'ont qu'une couche de terre souvent fraîchement remuée, pour faire place aux morts nouveaux, qui viennent troubler dans leur sommeil ceux qui les ont précédés; de ce déplacement successif dans une étroite enceinte résulte un bouleversement d'os humains vraiment effroyable. Souvent le fossoyeur inattentif laisse à découvert ce qui fut une tête, un bras, une poitrine d'homme, ce qui n'est plus aujourd'hui qu'un débris de squelette. Penchée sur une tête de mort, dont les trous béants semblaient me fixer, je n'eus pas le courage d'Hamlet, je ne pris pas dans mes mains ce crâne glacé pour en peser le vide; mais je me rappelai là vos beaux vers et je les murmurai comme une expression poétique de notre néant.

Squelette, qu'as-tu fait de l'âme ?
Foyer, qu'as-tu fait de ta flamme ?

> Cage muette, qu'as-tu fait
> De ton bel oiseau qui chantait ?
> Volcan, qu'as-tu fait de ta lave ?
> Qu'as-tu fait de ton maître, esclave ?

En quittant le cimetière, je me suis dirigée vers la tour en ruine qui s'élève perpendiculairement au-dessus ; j'avais visité ces vieilles constructions il y a quelques jours, et l'on m'avait fait remarquer que l'entablement de la porte qui donnait accès à la tour manquait entièrement ; cet entablement se composait d'une seule et vaste pierre couverte d'une inscription latine. Cette pierre avait été transportée dans une campagne voisine de Bellegarde, où l'on voit aussi les ruines d'un couvent et d'une église de templiers. J'ai voulu visiter ces ruines : il ne reste presque rien du couvent, mais l'église est encore debout ; seulement on a muré la porte principale, et on y entre aujourd'hui par une des poternes latérales. La nef de cette petite église de style bizantin est soutenue par quatre piliers massifs ; les portes et les fenêtres sont d'une ogive composite. Je suis entrée avec une sorte de respect dans cette enceinte, où les fiers templiers avaient autrefois officié. Hélas ! cette église est aujourd'hui une grange et une étable; les vaches et les mulets mangent aux râteliers fixés aux débris des autels ; le fumier jonche les dalles du sanctuaire, et les tribunes servent de lits aux pâtres et aux laboureurs. Au moyen d'une étroite échelle, je gravis jusqu'à une de ces tribunes, où l'on remarque encore des fragments de la plus élégante architecture. Comme j'approchais, j'entendis des gémissements : c'était un pauvre paysan qui s'était blotti là tremblant la fièvre sur sa couche de paille où étaient les pompes de l'église, le déploîment de force de cet ordre guerrier et religieux, où étaient ces redoutables templiers. Leurs ombres superbes devaient s'indigner en face d'une pareille profanation; un instant j'évoquai le passé, et tout le poétique roman d'Ivanhoé se ranima devant mes yeux. La vision disparut, je ne vis plus que des ruines. Mon Dieu, comme tout s'efface : les hommes d'abord, puis les monuments, puis les nations; le tour du globe viendra!

En sortant de l'église, je retrouvai, appuyée contre un mur, la pierre qui servait d'entablement à la porte de la tour. L'inscription latine qui la couvre est un verset à moitié effacé d'un psaume de David; sans doute cette inscription fut gravée là au temps des guerres de religion; la tour de Bellegarde servait alors de lieu de refuge au parti qui, tour à tour vainqueur ou vaincu, cherchait à en déloger le parti ennemi, ou en était délogé par lui. Que de sombres et sanglantes passions se sont agitées dans cette tour ! Je viens d'en parcourir l'enceinte aujourd'hui envahie par les broussailles et les arbustes sauvages. Je me suis assise sur la fenêtre en meurtrière qui domine la plaine au midi ; des festons de lierres, des rameaux de vignes et de figuiers sauvages pendent sur ma tête ; une pierre me sert de pupitre, et c'est de là que je vous écris. Je découvre un très beau panorama : d'abord le village et les fermes des environs ; de vastes terres couvertes de vignes, d'oliviers et de mûriers ; puis d'immenses saulées au bord des marécages ; puis enfin, au dernier plan, la ligne bleue du Rhône, des eaux duquel semble s'élever, un peu au nord, Beaucaire avec son vieux château, et, au midi, Arles, dont les monuments se détachent sur la transparence du ciel. Rien n'est plus doux à l'âme que ce ciel si limpide, si palpable, si je puis m'exprimer ainsi, dont le regard semble pénétrer les profondeurs et voir au delà Dieu. Et maintenant que je vous ai dit ce que c'est que le petit pays où je me repose, il faut que je vous raconte comment j'y suis arrivée, la route que j'ai suivie, les impressions de mon voyage et la dramatique histoire qui s'est tout à coup ranimée pour moi sur les bords du Rhône.

J'ai quitté Paris il y a quinze jours; j'en suis partie presque sans regrets, car tous mes amis étaient absents; vous-même, madame, vous alliez en Champagne où vous trouverez sans doute des inspirations que le public applaudira cet hiver. De Paris à Châlon la route est monotone, ou plutôt le voyage de deux jours et deux nuits en diligence est tellement accablant que la fatigue altère la beauté des sites et des paysages que l'on traverse; d'ailleurs j'ai hâte d'arriver dans mon cher Midi, c'est du Midi surtout dont je veux vous parler. Je dois pourtant un souvenir à Montereau, ville charmante, admirablement située, dont le pont à jamais mémorable est consacré par un double souvenir historique; à Sens, dont la cathédrale est une des plus belles de France; à Auxerre, également célèbre par deux églises gothiques de la plus rare architecture. Que vous dire des plaines de la Bourgogne si tristes, si longues et seulement accidentées çà et là par de pauvres villages de chaume? Quand la diligence passe, on voit sortir de ces misérables demeures, où le jour ne pénètre que par la porte, quelques femmes aux regards curieux; elles ont la tête couverte d'une coiffe dont la garniture très large flotte de chaque côté sur l'épaule; elles portent en général un fichu rouge, une jupe de laine brune très courte, qui laisse voir leurs jambes et leurs pieds presque toujours nus. Parfois de grands enfants déguenillés traversent ces villages, poussant çà et là des troupeaux de vaches ou d'oies rétifs à leur direction. Souvent je descendais aux relais et j'entrais sous ces toits de chaume pour demander pour ma fille une tasse de lait. Le lait écumant et tout chaud m'était servi dans une petite jatte bien propre. Les femmes qui me le vendaient avaient un visage triste et un peu hébété, mais qui ne portait pas toutefois les traces de la souffrance et de la misère ; pourtant je ne pouvais me défendre d'un serrement de cœur en pénétrant dans ces sombres habitations, et en voyant où une fraction de la race humaine naît, vit et meurt. Une seule chambre, où sont plusieurs lits, sert pour toute la famille, et même pour les animaux domestiques, tels que chiens, chats, poules et cochons de lait. Autour de la cheminée et au plafond sont suspendues les viandes salées; aux murs sont adossés les bahuts et les armoires, et sur des étagères s'entassent les vaisselles de terre ou de fer; enfin, cette unique chambre offre le pêle-mêle le plus bizarre de meubles, de comestibles, d'animaux, d'enfants et de vieillards; c'est un tableau d'intérieur à défier le pinceau le plus exercé des peintres flamands.

En arrivant à Châlon, on est tellement brisé de fatigue, qu'on n'éprouve pas d'autre désir que de se reposer quelques instants, en attendant l'heure du départ du bateau à vapeur qui vous fait descendre mollement le cours de la Saône jusqu'à Lyon. Ce bateau, qui se nomme *l'Hirondelle*, est grâcieux et élégant comme son nom, il est de plus très confortable; on y trouve des livres, des journaux et un excellent restaurant, ce qui n'est pas à dédaigner, car l'air des rivières et des fleuves excite vivement l'appétit. Rien n'est délicieux comme les bords de la Saône; ils ont été si souvent décrits que je ne chercherai plus à les décrire. Assise sur le pont, je jouissais délicieusement de ce panorama mobile qui glissait sous mes yeux : c'était souvent comme une scène de pastorale animée; des jeunes filles encadrées par un paysage charmant baignaient leurs pieds dans les flots de la Saône ; d'autres conduisaient par les cornes une vache blanche, douce et soumise, qui flairait le vert pâturage et s'y détacnait ; c'était encore, tantôt un pittoresque village, un clocher dentelé, groupé, sur quelque colline boisée ou sur les rives murmurantes de quelque grand ruisseau qui venait se jeter dans la Saône; tantôt une élégante villa, ou un vieux manoir, se cachant dans un bouquet d'arbres, ou dominant la cime d'un rocher ; puis, c'étaient au loin, à l'est, les montagnes de la Suisse confondant leurs lignes blanches avec les lignes du ciel. En approchant de Lyon, on salue l'île Barbe, poétique sentinelle de la cité : quel délicieux tableau forme cette île ! En vain les inondations l'assiégent chaque hiver et lui enlèvent quelque pan de sa robe de verdure. La nature, toujours facile et prompte à se reproduire et à rajeunir, nous la montre au printemps suivant plus fraîche, plus riante et plus parfumée. Il n'en est pas de même de l'homme : une fois ravagé, il ne se relève plus ; la trace des malheurs qui le frappent est ineffaçable : c'est qu'en lui ce n'est pas seulement la matière qui est atteinte, c'est l'âme, et l'âme impose au corps sa douloureuse et tyrannique influence. En approchant de Lyon, les coteaux qui bordent la Saône deviennent plus élevés et plus nus ; sur un de ces rochers voisins des faubourgs de la ville, s'élève la statue mutilée de *l'Homme de la roche ; l'Homme de la roche* est une légende très chère au peuple lyonnais ; n'attendez pas que je vous en fasse le récit, j'aime mieux vous rappeler que c'est sur cette même montagne que Jean-Jacques Rousseau, pauvre et inconnu, passa la nuit à la belle étoile ; il dormit là très bien et fit de beaux rêves. Enfin voilà Lyon, Lyon triste et enfumé, les maisons de ses faubourgs semblent disputer de hauteur aux coteaux des rivages : Lyon si sombre en hiver et qui se déride à peine sous un soleil éclatant. J'avais habité cette ville autrefois ; avant d'avoir vu Paris, elle me semblait alors belle et grande, maintenant je la trouvais d'une effrayante tristesse, et cependant j'étais heureuse de la revoir. Lyon, c'est un peu pour moi le pays natal, c'est le berceau de mon père, j'allais y retrouver d'anciens amis, d'excellents parents ; j'ai passé trois jours à Lyon : le premier jour a été donné à l'amitié ; j'ai voulu d'abord revoir une bonne cousine qui avait été l'amie de ma mère, et qui, dans mon enfance, m'avait entourée de soins et de gâteries ; les mêmes bontés qu'elle avait eues pour moi, elle les a prodiguées à ma fille. J'ai passé près d'elle des heures de tristes et douces émotions. Nous avons ranimé tous les souvenirs de famille, pleuré ensemble sur ceux qui sont morts et même sur ceux qui survivent. Ma cousine demeure sur les quais de la Saône ; durant nos longues causeries, je suivais du regard le cours des flots ; le mouvement des passants sur les ponts, l'agitation de ces quartiers si populeux, si animés : cette ville me semblait prospère ! Mais hélas ! en hiver, quand les fleuves débordent, quand les malheureux ouvriers sont poursuivis dans leurs *hautes ta-*

nières par le froid et la faim, l'aspect change : la ville est couverte d'un voile de brume noire qui est vraiment l'emblème de sa misère profonde. Quand j'ai traversé Lyon, la chaleur était extrême, et, malgré les observations amicales de ma cousine, je voulus, par un soleil dévorant, aller faire un pèlerinage à Fourvières. Fourvières est une chapelle élevée en l'honneur de la Vierge, sur une haute montagne qui domine Lyon au nord, sur les rives de la Saône ; cette montagne, couverte d'arbres, de maisons, et dont le point culminant est la chapelle couronnée de son clocheton gothique, est de l'effet le plus merveilleux. Deux routes conduisent à Fourvières, une lente, mais praticable, l'autre rapide, abrupte : je montai par la première, je descendis par la seconde. Pour se rendre à Fourvières, on traverse le quartier Saint-Jean, sombre comme tous les quartiers de Lyon, plus sombre peut-être. Saint-Jean est une vieille cathédrale gothique qui m'a paru moins belle que celles de Sens et d'Auxerre, et dont je ne vous parlerai pas. Depuis quelque temps, on a tellement abusé des descriptions architecturales, que je crois devoir en être fort sobre. Mon ascension à Fourvières fut très fatigante ; mais je me trouvai bien payée de ma peine en arrivant sur la terrasse de la chapelle. Que Lyon est beau, vu de ces hauteurs ! Enserrée dans la gracieuse ceinture que lui forment le Rhône et la Saône, la ville déploie son vaste labyrinthe de rues étroites, hautes et tellement pressées qu'à cette distance on ne distingue point les intervalles et qu'on dirait un amas confus de maisons. Deux places seulement se dessinent sur cet entassement, la grande place de Bellecour avec sa promenade de tilleuls, ses belles façades, sa statue équestre de Louis XIV; la place des Terreaux, plus petite, mais, à mon avis, plus intéressante que sa rivale. C'est là que s'élèvent deux grands monuments : l'hôtel-de-Ville et le palais Saint-Pierre avec son musée. De Fourvières, le Rhône et la Saône, couverts d'un grand nombre de ponts, produisent un effet magique; on distingue le confluent; le Rhône fougueux reçoit dans son sein la paisible Saône dont les eaux tranquilles sont long-temps avant de se confondre à ses flots agités. Les nouveaux faubourgs de Lyon s'étendent fort loin du côté du Rhône et sont mieux bâtis que la ville; puis viennent les plaines qui se déroulent jusqu'à l'horizon; puis, aux dernières limites, on devine plutôt qu'on ne les voit les montagnes de la Suisse.

Je ne vous dirai rien de l'intérieur de la chapelle de Fourvières; comme toutes les chapelles votives, les murs en sont couverts par de burlesques petits tableaux (qu'en style d'atelier on pourrait appeler d'exécrables croûtes) représentant toutes les maladies et tous les accidents douloureux dont est frappée notre pauvre humanité. Puis c'est un amas de bras, de jambes, de têtes cassés, dont l'effigie en cire témoigne là de la reconnaissance des blessés ramenés tout à coup à la vie par l'intercession de la Vierge. La foi seule peut rendre touchants de pareils symboles de la reconnaissance des hommes envers la Providence.

Je descendis de Fourvières par la voie presque perpendiculaire appelée le *Sentier des Anges*, et en effet il faut des pieds *éthérés* pour ne pas se blesser à ce chemin caillouteux et raide borné de chaque côté d'un haut mur ; parfois, par quelque crevasse de ce mur, on a tout à coup sur la Saône ou sur la campagne un point de vue pittoresque.

Le Sentier des Anges aboutit aux rues étroites et sombres du quartier Saint-Jean, si l'on peut donner le nom de rues à de pareils alignements de maisons; et d'abord on se trouve dans une ruelle appelée la *Montée des Capucins*. De chaque côté, le long des maisons, en place de trottoirs sont de hautes marches qu'on franchit péniblement. Les piétons peuvent d'un côté à l'autre se donner aisément la main; de pauvres maisons sales, noires, bornent à perte de vue cette misérable ruelle, à chaque étage (et nous en avons compté neuf): on entend le bruit monotone des métiers auxquels les ouvriers indigents sont enchaînés dès l'aube, et qu'ils ne quittent souvent qu'après une longue veillée. C'est là, madame, que se fabriquent les plus riches et les plus élégantes étoffes, celles qui ornent les plus beaux salons de Paris, celles qui parent les femmes les plus charmantes.

De ces demeures délabrées et malpropres où nos élégantes n'oseraient pas poser le pied sortent les merveilleuses soieries, les gazes prestigieuses dont elles se parent, insoucieuses de ce qu'il a fallu de travail et de peine aux pauvres gens qui les ont fabriquées. Je considérais avec une mélancolie profonde ces déplorables habitations : parfois une tête hâve, à l'expression presque idiote, apparaissait à une des longues fenêtres, ou bien c'étaient des enfants amaigris qui venaient jeter des immondices sur le seuil de leur pauvre maison, ou bien encore une femme vieillie avant l'âge qui lavait le linge de sa famille dans un tonneau rempli d'eau jaunie. La vue de cette effrayante misère me plongeait dans une douloureuse méditation. Que de plaies encore dans notre belle France, où pourtant nous avons tous un désir sincère de voir le peuple libre et heureux! L'indigence de ces pauvres ouvriers me fit penser à celle des ouvriers d'Angleterre, et alors je fis un rêve : oh! si j'étais la reine Victoria, quelle joie ineffable, quelle satisfaction divine j'éprouverais à prendre pour un temps la place de la Providence, et à répandre sur les classes qui souffrent toutes les richesses que la royauté enfouit dans ses palais. Ah! quel bonheur pourrait être égal à celui de voir tous ces fronts sombres se dérider, toutes ces bouches fermées par l'angoisse de la misère sourire et proférer des paroles d'actions de grâces ; quel plus beau luxe que l'allégresse de tous ces heureux qu'on aurait faits! Comme on serait belle alors avec la simple robe de mousseline ou de toile perse que Marie Antoinette se plaisait à revêtir dans son riant Trianon! comme on serait justement fière de s'offrir aux regards des ambassadeurs surpris, le front non couvert de pierreries ruineuses, mais rayonnant d'un saint orgueil, et de leur dire au milieu de ses palais dépouillés : « Allez voir mon peuple heureux et qui n'expire plus de faim, ce sont là mes joyaux et mon luxe. » Une voix vint m'arracher à mon rêve : Il faudrait, me dit-elle, pour accomplir ce généreux désir, être reine absolue; que voulez-vous que fasse une pauvre reine constitutionnelle ? ses diamants ne lui appartiennent même pas !

Je continuai ma route en pensant avec douleur : Quoi ! n'y a-t-il pas de remède à ces maux ? Ces hommes qui sont nos frères sont-ils destinés, ainsi que les générations qui les suivront, à vivre de la sorte et à être frappés par la mort, sans avoir connu aucune des douceurs de la vie? Comme je pensais ainsi, la psalmodie d'un chant de mort sortit d'une de ces pauvres demeures, un prêtre parut, couvert du blanc surplis et de l'étole ; il était suivi de quatre hommes portant une bière enveloppée d'un drap noir ; un enfant de chœur aspergeait le cercueil d'eau bénite ; le cortége gravit la montée des Anges ; je le suivis du regard et de l'oreille jusqu'à ce qu'il eût disparu et que je n'entendisse plus le chant des morts !

L'accueil gracieux et empressé de mes amis adoucit seul le lendemain ces lugubres impressions. Je revis des personnes que j'avais connues il y avait quinze ans, et qui m'étaient encore bien chères. Je veux vous parler surtout de M. et madame Yéméniz. M. Yéméniz est un des plus riches et des plus célèbres négociants de Lyon ; c'est sous sa direction que se fabriquent ces éblouissantes étoffes pour tentures et pour meubles, que vous avez pu admirer aux fêtes des Tuileries et du pavillon Marsan. Pour choisir les dessins,

faire harmoniser les couleurs de ces étoffes
d'or, d'argent et de soie, il faut avoir quelque chose d'un artiste, et M. Yéméniz a une
véritable nature d'artiste. Né en Grèce, il
est venu fort jeune en France, mais il a importé de son pays le goût exquis de la littérature antique et de l'art grec; il disserte en
connaisseur sur les chefs-d'œuvre de l'architecture païenne, et il parle comme un
Grec du temps de Périclès cette belle langue
d'Homère et de Platon, que si peu de ses
concitoyens entendent encore. C'est avec une
sorte de respect filial et religieux qu'il s'est
plu à réunir dans sa riche bibliothèque les
plus rares et les plus précieuses éditions
d'auteurs grecs; les chefs-d'œuvre des premiers âges de l'imprimerie; les volumes les
plus parfaits sortis des mains des Aldes et
des Elzévirs; il possède un exemplaire d'Aristote, sur vélin, incomparablement plus

beau que celui qui est à la Bibliothèque royale. Bien que j'eusse pu dire à M. Yéméniz comme la Henriette de Molière : *Pardonnez moi, monsieur, je ne sais pas le grec*, j'étais enchantée de voir ces beaux livres, ces reliques des plus grands esprits que l'humanité ait produits ; l'art des Banzonnet et des Thouvenin a recouvert tous ces merveilleux volumes des plus admirables couvertures.—Peu de tems après son arrivée en France, M. Yéméniz se maria à la jeune personne la plus belle et la plus distinguée de Lyon. Madame Yéméniz est encore, à l'heure qu'il est, d'une frappante beauté ; elle est aussi la personnification, si je puis m'exprimer ainsi, de tout ce qu'il y a d'intellectuel et d'élevé dans cette grande ville de Lyon, la seconde ville du royaume. Elle aurait pu se faire un nom dans les lettres : elle a dédaigné cette carrière éclatante, mais souvent bien douloureuse ;

son esprit se répand autour d'elle, éclaire ses enfants, console ses amis, charme la ville qu'elle habite, et s'élance en jets brillants vers nos écrivains les plus célèbres qui se plaisent à correspondre avec elle.

Il est une autre femme de Lyon dont l'image poétique avait longtemps préoccupé mon imagination de jeune fille : c'est madame la marquise de Sermezi, qui a été admirablement belle et qui est une des femmes artistes les mieux organisées de ce siècle. Avant mademoiselle Fauveau et la princesse Marie, elle avait fait en sculpture les œuvres les plus gracieuses et les plus hardies. J'ai revu au musée de Lyon deux de ses statues ; mais ce ne sont pas là ses ouvrages les plus remarquables : c'est chez elle, c'est dans son bel hôtel de la place de Bellecour, qu'il faut voir ses nombreux ouvrages réunis ; elle a compris tous les genres; elle a fait de la sculpture gothique avec la naïveté d'un artiste du xiie siècle. Dans les sujets païens, elle s'est pénétrée de la beauté de la forme et l'a répandue sur son œuvre; enfin, elle a exécuté les bustes de ses amis et de plusieurs personnages célèbres avec une vigueur d'expression et de vie qui révèle une puissante originalité. Comment le nom de cette femme grand artiste n'est-il pas plus connu? c'est que madame la marquise de Sermezi, riche, noble, entourée de respect et de considération, a fui et redouté elle aussi la célébrité. Personne ne sait plus qu'elle, personne ne songe moins qu'elle à montrer ce qu'elle sait; elle lit le latin et le grec, parle l'espagnol, l'italien et l'anglais; elle m'a souvent rappelé ces grandes dames du siècle de Louis XIV, madame de Sévigné ou madame de Lambert, répandant autour d'elles un parfum involontaire de leur esprit et de leur érudition, mais sans penser à en faire parade. Allez chez madame de Sermezi, vous admirerez d'abord les belles statues, les groupes charmants qui ornent ses salons, mais il faudra que vous deviniez quel en est l'auteur; au bas d'un sujet grec, vous remarquerez quelques vers d'Homère ou de Pindare; elle ne vous dira pas qu'ils ont été choisis et inscrits par elle; de même de ce distique latin, ou de ces vers de Shakspeare, du Dante ou de Lopez de Vega, ornant divers morceaux de sculpture. Parfois c'est à notre poésie naissante qu'elle s'est plu à demander des inspirations, à Charles d'Orléans, à Loyse Labbé, à Clément Marot; et alors ces vers naïfs servent de commentaire au plâtre ou au marbre qu'ils ont fait naître. En 1826, j'avais habité Lyon plusieurs mois avec ma mère, nous dînions tous les dimanches chez madame de Sermezi ; j'étais alors une enfant sombre, assez maussade ; pourtant cette femme si distinguée avait toujours pour moi quelque parole gracieuse ou touchante. Son souvenir ne m'avait jamais quittée ; j'aurais été heureuse de la revoir en passant à Lyon : elle était à la campagne. Je rencontrai chez madame Yéméniz le docteur Polinière, le premier médecin de Lyon et l'ami de madame la marquise de Sermezi ; il m'assura qu'elle me gardait toujours un affectueux souvenir. J'ai été charmée de tracer ici l'impression si vive qu'elle m'a faite dans mes jeunes années.

Après ces journées de fêtes du cœur et de l'esprit, il fallut songer à quitter Lyon à quatre heures du matin, par un temps frais et pur. Nous montâmes sur un élégant bateau à vapeur, qui devait le soir même me déposer sur le sol natal. *L'Aigle*, tel était le nom de ce bateau, rasait les flots avec la rapidité de l'oiseau qui lui servait d'emblème. Debout sur le pont, je regardais le jour se lever dans les saulées du rivage et répandre ses lueurs blanches sur les grèves que nous rasions, je pensais à cette phrase de Pascal : *Les fleuves sont de grands chemins qui mènent où l'on veut aller.* La vapeur a rendu le mot d'une incontestable justesse.

Les bords du Rhône ne valent pas ceux de la Saône ; ils sont souvent plats et nus. Je ne vous dirai rien de Vienne et de Valence; ce n'était pas encore là mon cher Midi, mais enfin je vis se dessiner sur le Rhône, grossi par la Drôme, l'Isère et d'autres rivières, les arches innombrables du pont Saint-Esprit, se déroulant sur l'immense largeur du fleuve ; je sentis un air plus brûlant circuler autour de moi ; j'aspirai cet air de flamme, cet air natal, avec bonheur; enfin, je vivais, je rajeunissais: cette chaleur, souvent accablante même pour les enfants du Midi, est nécessaire à mon organisation; en la ressentant après tant d'années, j'éprouvais un ineffable bien-être. Le bateau fuyait toujours; déjà je voyais, par l'œil de la pensée, les lieux qui m'attendaient; bientôt je découvris au loin les monuments d'Avignon : d'abord le château du pape et l'église bâtie sur la même hauteur. Avant d'arriver à Avignon on aperçoit, à gauche sur le rivage, une tour ronde, très élevée, parfaitement conservée et d'une belle architecture; elle se mire dans les flots, le vent s'engouffre dans ses meurtrières, et, durant la nuit, on dirait un fantôme qui pleure et se lamente. La tradition populaire nous apprend que cette tour était souvent visitée, au commencement du dix-huitième siècle, par un vieillard qui mourut centenaire à Avignon. Ce vieillard se nommait le marquis de Gange ! ce vieillard, c'était le mari de la *marquise de Gange*. A ce nom, je vous vois tressaillir, le souvenir d'un drame sanglant se réveille en vous. Voulez-vous, madame, tandis que le bateau m'entraîne et que la tour fatale fuit comme une ombre, voulez-vous que nous ranimions les acteurs de cette tragédie mémorable ; et d'abord revoyons insouciante et heureuse cette jeune Diane de Joannis, marquise de Castellane, puis marquise de Gange ; elle surpassait en beauté, en grâces, en charmes irrésistibles, cette autre Diane célèbre [1], maîtresse de trois rois. Elle aussi sut éveiller, en paraissant à la cour de Louis XIV, l'admiration passionnée du grand roi, mais elle s'attira en même temps son respect.

[1] Diane de Poitiers.

En 1655, on dansait au Louvre, dans les appartements d'Anne d'Autriche, un de ces ballets mythologiques où le jeune roi se plaisait à figurer, et où tout le luxe de la première cour de l'Europe était déployé. La salle du trône offrait un aspect féerique, toute la noblesse de France, portant les costumes les plus splendides, y affluait; les femmes les plus belles, les hommes les mieux tournés, dansaient au quadrille du roi; Louis XIV, plein de grâce et de jeunesse, vêtu en guerrier antique, donnait la main à une ravissante femme qui touchait encore à l'adolescence. Rien n'était divin et pur comme la beauté de cette femme, sous son costume de nymphe; on eût dit un de ces marbres sans prix détachés du Parthénon; elle portait une tunique de gaze blanche parsemée d'étoiles de diamants; son front, d'u admirable contour, était couronné d'une imple guirlande de feuillage ; mais ce feuillage était formé par des émeraudes. Les traits de cette femme étaient de la plus rare perfection ; sa taille n'avait pas de rivale ; chacun se pressait autour d'elle pour l'admirer ; un murmure de louanges la poursuivait ; le roi n'en détachait pas ses regards et oubliait ce soir-là mademoiselle de Mancini, qui étouffait quelques larmes jalouses. Eh bien ! cette jeune femme seule semblait ignorer qu'elle était l'objet de l'attention générale, elle dansait rieuse comme une jeune fille, et de temps en temps elle jetait un doux et tendre regard à un jeune gentilhomme qui la contemplait silencieux. Ce gentilhomme, c'était son mari, c'était le marquis de Castellane ; cette jeune femme si enviée, c'était Diane de Joannis, alors marquise de Castellane, plus tard marquise de Gange.

La reine mère, assise sur un trône, suivait

avec intérêt du regard son fils et sa belle danseuse. Deux autres trônes s'élevaient auprès de celui d'Anne d'Autriche, celui destiné au jeune roi et un autre occupé par une femme, par une reine dont le costume attirait l'attention et parfois les sarcasmes des jeunes seigneurs de la cour. Au premier aspect, à la physionomie de cette femme, à son allure décidée, on hésitait à croire qu'elle n'appartenait pas au sexe masculin. Elle avait adopté un déguisement turc d'une grande richesse, mais qui se rapprochait beaucoup d'un habit d'homme. Son turban était orné d'un croissant de pierreries, elle portait à sa ceinture un poignard dont elle jouait en guise d'éventail, elle levait et croisait les jambes ; enfin ses grands yeux pleins de feu s'arrêtaient de préférence sur les femmes, dont elle se plaisait à faire baisser les regards. Les traits de cette singulière personne annonçaient la fermeté de son caractère : elle avait le front haut, le nez grand et aquilin, la bouche large, mais ornée de belles dents. Sa taille était petite et mal faite, et c'est sans doute pour en dissimuler les défauts qu'elle choisissait toujours des costumes qui se rapprochaient de celui des hommes. Cette femme, cette reine, c'était Christine de Suède, qui venait d'arriver en France. On l'accueillait à la cour de Louis XIV avec les honneurs dus à son rang : l'étiquette et la politique voulaient qu'on eût pour elle de grands égards. Mais Anne d'Autriche, le cardinal Mazarin et le jeune roi lui-même souffraient visiblement de son passage à la cour. Autant elle émerveillait les savants de l'époque par son érudition variée et sa facilité à parler toutes les langues, autant elle révoltait les gens de cour par son mépris des convenances et son souverain laisser-aller.

Quand Louis XIV eut fini de danser *son pas*, il se sépara de sa belle danseuse et s'inclina en passant devant le trône de la reine de Suède; mais celle-ci l'appelant familièrement : — Frère, dit-elle, j'ai de grands reproches à vous faire ; ne me fuyez pas ainsi dans la crainte d'une réprimande. Le jeune roi s'approcha en rougissant un peu. — Quoi ! n'avez-vous pas de honte, continua Christine, de désespérer ainsi une chère âme qui vous adore ? et de la pointe de son poignard elle désignait au roi une grande jeune fille brune, assise à l'écart dans un angle de la salle, et qui semblait tristement préoccupée. C'était la nièce de Mazarin, mademoiselle de Mancini, alors aimée par le roi et oubliée ce soir-là pour la marquise de Castellane.

— La belle Diane vous fait perdre la tête et le cœur, poursuivit Christine qui jouissait de l'embarras du roi ; vous êtes léger et cruel envers cette pauvre Mancini, à qui hier encore vous juriez un amour éternel. — Madame, madame, murmura le roi comme pour demander merci. — Écoutez-moi, frère, dit la reine de Suède en descendant du trône et en s'appuyant sur le bras du roi, je vais vous faire une confidence qui mettra en demeure votre chevalerie et vous forcera bien de renoncer à la marquise. — Voyons, dit le roi. — Eh! bien, cette divine Diane, j'en suis amoureux fou. — Dites amoureuse folle, répondit le roi en riant. — Non, sire, je dis amoureux! Pour les femmes l'amour n'est qu'une dépendance, et vous le savez, toute dépendance, même celle d'un trône, m'est odieuse; je veux donc faire la cour à la belle Diane comme si j'étais un homme, je veux me pénétrer de ce rôle, et peut-être la métamorphose que j'ai si souvent désirée s'opèrera-t-elle enfin! Le roi et les courtisans qui l'entouraient riaient aux éclats. Dès à présent j'entre en scène, poursuivit Christine. Oh! vous n'oserez pas vous déclarer mon rival. Et, brandissant son poignard d'un air à la fois comique et martial, elle s'approcha de la jeune marquise de Castellane et lui exprima mille folles tendresses.

Ce qu'il y avait de réel dans ce jeu bizarre, c'est que Christine de Suède, comme toutes les grandes intelligences, était toujours frappée et attirée par le charme et la beauté de la forme dans la nature comme dans les arts. Elle n'avait pu se défendre d'un sentiment d'admiration passionnée en voyant cette jeune femme d'une incomparable perfection, et qui surpassait l'image du beau idéal que son esprit avait jusqu'alors caressée. C'est sous cette influence qu'elle lui écrivait le lendemain : « Ah ! si j'étais homme, je
» tomberais à vos pieds soumis et languissant

» d'amour ; j'y passerais mes jours, j'y pas-
» serais les nuits pour contempler vos divins
» appas et vous offrir un cœur tendre , pas-
» sionné et fidèle ; puisque cela n'est point,
» tenons-nous-en, incomparable marquise, à
» l'amitié la plus pure, la plus confiante et
» la plus ferme. De mon côté, voilà ce que
» je pense ; mais mes brûlants désirs ne sont
» point satisfaits. Vos beaux yeux, vous le sa-
» vez, sont les auteurs innocents de tous mes
» maux : eux seuls peuvent dans un instant
» en réparer l'outrage, et faire mon bonheur
» en les adoucissant. Me refuseriez-vous ,
« hélas ! un de vos regards gracieux ? Non,
» non, aussi sensible que belle, vous écou-
» terez avec complaisance les tendres plaintes
» de ma douleur profonde, et je passerai le
» reste de ma vie dans un douloureux en-
» chantement.

» En attendant qu'une agréable métem-

» psycose change mon sexe, je veux vous
» voir, vous adorer, et vous le dire à chaque
» instant. Jusqu'à présent, j'ai cherché par-
» tout le plaisir, et je ne l'ai point goûté; si
» votre cœur généreux veut avoir pitié du
» mien, à mon arrivée à l'autre monde je
» le caresserai avec une volupté toujours
» nouvelle; je le savourerai dans vos bras
» victorieux, et le ferai durer éternellement.
» Dans cette douce espérance, je file des jours
» de vie, et mon bonheur s'accroît en pen-
» sant à vous.

» Adressez donc vos prières au ciel, belle
» marquise, afin que mes vœux soient exau-
» cés autant pour votre félicité que pour la
» mienne, qui dépend entièrement de vous
» pour le présent et pour l'avenir [1]. »

[1] Lettre de Christine de Suède à la marquise de Gange.

Qu'on juge par cette tendresse passionnée, exprimée par une femme, de l'impression que la jeune marquise de Castellane produisit à la cour : durant un temps toutes les autres femmes furent oubliées ; on ne parla que d'elle, on la surnomma *la belle Provençale*. Mignard fit son portrait, et nous devons à ce pinceau célèbre la conservation de ces traits divins. Tant d'hommages, tant d'adulations, n'altérèrent point la pureté d'âme de la belle Diane ; elle aimait son mari, et, pour mieux lui prouver son amour, souvent elle fuyait le monde, réservant pour lui seul toutes les grâces de sa beauté et de son esprit. Le marquis de Castellane servait dans la marine, les devoirs de sa charge l'appelèrent sur mer, Diane dut le quitter ; ce fut un déchirement inexprimable ; il lui semblait que cette séparation serait éternelle. Ce douloureux pressentiment s'accomplit; le marquis périt dans un naufrage sur les côtes de Gênes, et sa veuve désolée quitta la cour pour le pleurer dans la solitude. Elle possédait de grands biens dans le comtat Venaissin; elle se retira à Avignon, dans cette *impie Babylone*, suivant l'expression de Pétrarque. Comment une voix intérieure ne l'avertit-elle pas que là allait commencer pour elle une vie fatale qui la conduirait à une mort sanglante?

II

Avignon était bien alors cette ville de plaisirs, de corruptions et d'intrigues, telle que l'amant de Laure l'avait connue; telle que l'avait faite le séjour des anti-papes et des cardinaux. Lieu d'asile étranger dans le sein même de la France, le rebut de tous les ordres ecclésiastiques, la lie de la société, les condamnés de tous genres qui avaient pu échapper à la justice, y affluaient. Il y avait aussi au-dessus de cette tourbe le vice poétique et doré, les intrigues coupables, mais tolérées par le monde et même encouragées par lui, s'exerçant dans une société choisie à laquelle la cour du vice-légat servait de théâtre. Le vice-légat était à cette époque un cardinal italien plein d'esprit et d'instruction, aimant la poésie et la musique, et se plaisant à réunir dans son palais tous ceux qui pouvaient contribuer à accroître sa réputation de protecteur des lettres. Les femmes un peu compromises, mais encore belles et jeunes, les hommes de mauvaises mœurs, mais à manières élégantes, recherchaient surtout la cour d'Avignon. Là, pourvu que les dehors fussent observés, toute licence était permise.

La belle Diane de Joannis était un enfant lorsqu'elle avait quitté Avignon, et à présent, en y revenant veuve du marquis de Castellane, elle avait résolu d'y passer ses jours dans la retraite; elle fuyait le monde, mais le monde vint à elle. Le bruit des triomphes qu'elle avait obtenus à la cour de Louis XIV avait attiré sur elle l'attention; elle était belle, riche, veuve, elle se devait, disait-on, elle appartenait de droit à la petite cour d'Avignon dont elle deviendrait la reine. Durant trois ans, la marquise de Castellane, tout entière à sa douleur, repoussa victorieusement les sollicitations du monde; mais, au retour d'un voyage en Italie, le cardinal-légat, à qui Christine avait parlé à Rome de la belle Diane, mit tant d'instance auprès de la jeune veuve, qu'il obtint enfin d'elle la promesse qu'elle viendrait un soir entendre dans son palais un jeune chanteur italien du plus grand talent que le cardinal avait ramené. Lorsque le jour de cette fête arriva, Diane était encore indécise ; elle quittait à regret sa solitude et ses habits de deuil, il lui semblait que désormais, entre elle et le monde, était une barrière qu'elle n'aurait jamais dû franchir. Cependant le vice-légat lui envoya ses équipages ; on l'attendait, elle dut céder.

C'était par une splendide soirée d'été, le palais du cardinal était décoré avec la plus grande recherche; la fête se préparait dans les jardins et dans le cloître à sveltes colonnettes, voisin de la chapelle ; c'est dans ce cloître qu'on devait chanter. Un tapis moelleux couvrait les dalles, des lampes antiques étaient suspendues aux ogives, entre chaque colonne, et des guirlandes des fleurs les plus précieuses formaient une sorte de voûte à treillis, à travers les interstices de laquelle brillaient les vives étoiles du ciel éclatant du midi. Les jardins, éclairés par des verres de couleur, avaient dans chaque bosquet des siéges élégants; on jouait çà et là des symphonies harmonieuses, en attendant que les morceaux de chant se fissent entendre. Les salons, le cloître, les jardins, se remplissaient d'invités, la belle Diane n'arrivait pas. Les hommes étaient impatients et désireux de la voir, les femmes étaient impatientes aussi, mais craintives d'une crainte jalouse.

Parmi les jeunes gentilshommes français qui cherchaient à la cour d'Avignon une vie de dissipation et de faciles plaisirs, le plus beau, le plus élégant, le plus renommé, était Charles de Vissec de Latude, marquis de Gange; il possédait des biens considérables dans le comtat Venaissin et le marquisat de Gange, voisin des montagnes des Cévennes. Fils aîné de sa maison, il avait deux frères qui, suivant la loi d'alors, n'ayant eu aucune part au patrimoine paternel, avaient cherché fortune, l'un dans les ordres, l'autre dans les armes. L'aîné de ces deux cadets, l'abbé, avait une nature souple, artificieuse et profondément habile ; aspirant à toutes les dignités ecclésiastiques, il faisait une cour assidue au vice-légat, espérant qu'un jour la pourpre romaine serait la récompense de sa courtisanerie. Envieux de la fortune de son frère, il le poussait occultement à des dépenses folles dont il profitait, plaçant auprès de lui des intendants infidèles ou des agents de plaisir ; enfin, foncièrement corrompu, il cachait ses penchants dépravés sous des dehors hypocrites; tel était l'abbé, frère du marquis de Gange. En apparence, cet homme était réservé, spirituel, et il avait une figure pleine de distinction et de douceur.

Le caractère du chevalier était tout-à-fait

opposé à celui de son frère : c'était une nature soldatesque et sans frein, d'une valeur brutale et emportée ; deux siècles plus tôt, il eût été dans l'action un excellent chef de partisans. Sans portée dans l'esprit, il était gouverné par l'abbé qui exploitait ses instincts grossiers et les faisait servir à ses fins dans les circonstances où il lui fallait un séide pour accomplir quelque coup de main coupable, mais courageux. L'abbé était le bras, le chevalier était l'arme ; ainsi le renard menait le loup. Le chevalier avait aussi le goût des plaisirs ; mais pour lui les plaisirs n'étaient pas une corruption raffinée, mais un emportement féroce ; il était toujours prêt à dire aux femmes qui lui plaisaient, en brandissant son épée : *L'amour ou la mort.* Son visage portait bien l'expression de ses instincts ; quoique ses traits ne manquassent pas de régularité, ils étaient toujours contractés par la colère, il avait l'air insolent et querelleur.

Nous avons déjà dit que le marquis de Gange, frère aîné de l'abbé et du chevalier, était beau, nous ne l'avons point assez dit ; sa beauté était si noble, si parfaite, si attrayante, qu'on ne pouvait le voir sans en être frappé. Ses yeux noirs avaient en amour la plus enivrante expression, sa bouche souriait d'un sourire irrésistible, tous ses traits étaient empreints d'une distinction rare. Sa taille était haute et svelte, c'était le plus beau gentilhomme de France. Quelle âme cachait cette enveloppe si séduisante ? hélas ! par une sorte de fatalité, les qualités morales avaient été comme annulées par ces charmes extérieurs. Ayant été habitué dès l'enfance à une adoration servile, adulé pour sa fortune, pour son haut rang, et surtout pour sa beauté ; à peine adolescent, ayant trouvé l'amour presque sans le chercher, recevant la cour des femmes plus qu'il ne la leur faisait lui-même, le jeune marquis de Gange se sentait *irrésistible*, et, dans la bonne foi de sa fatuité, il en était venu à se croire une espèce de Dieu auquel toutes les femmes devaient leur encens. Cette préoccupation continuelle de ce qu'il *valait* avait appauvri son intelligence et desséché son cœur; cet homme avait tous les vices de la vanité : un égoïsme profond, un amour désordonné du luxe, une cruauté froide pour tout ce qui ne lui servait pas de piédestal.

Ce soir-là, plus beau que jamais, il assistait à la fête du vice-légat. Il était presque irrité de ce que la présence attendue de la jeune marquise de Castellane troublât l'attention d'ordinaire exclusive qu'on lui accordait. Tout à coup une pensée l'arracha à cette préoccupation, un sourire de triomphe glissa sur ses lèvres : « Mais, pensa-t-il, ce n'est point une rivalité que je dois redouter, c'est une nouvelle conquête qu'il faut que j'espère. Cette femme si vantée a vingt-cinq ans ; elle est bien belle sans doute ; mais, plus jeune qu'elle, je saurai lui plaire, je le saurai si je le veux, et pour la première fois de ma vie peut-être irai-je à elle si elle ne vient point à moi, car je veux un jour qu'on puisse dire que celle qui a résisté à Louis XIV a cédé au marquis de Gange ! » Ainsi il pensait lorsque Diane entra, ce fut de toute part un bruit confus d'admiration. Appuyée sur le bras du cardinal-légat, Diane traversa le cloître transformé en galerie ; comme si elle n'avait pas voulu ce soir-là quitter tout-à-fait ses habits de deuil, elle avait revêtu une robe traînante de velours noir relevé au corsage par des agrafes de perles fines. Ses beaux cheveux bruns, frisés en mille petites boucles sur son front, retombaient en boucles flottantes enlacées de perles sur son cou et ses épaules. Jamais elle n'avait été plus belle; une expression pensive augmentait le charme de ses traits. Elle s'assit sur un fauteuil ; le vice-légat donna un ordre et tout à coup un voix claire, vibrante, entonna un magnifique chant d'église; Diane, émue par ces accents, tourna la tête du côté d'où ils partaient; elle vit le jeune chanteur italien, et, attachant quelques instants ses regards sur lui, elle fut frappée de son air de profonde mélancolie : pâle, immobile son corps et son visage n'avaient pas d'autres mouvements que celui de ses lèvres ; on eût dit un être d'une autre sphère sorti tout à coup des caveaux funéraires du cloître et prêt à y redescendre lorsque son chant mélancolique aurait cessé. Comme si cette vue lui eût fait mal, Diane en détourna les yeux ; ce fut en cet instant qu'elle rencontra pour la première fois le regard du marquis de Gange. Sa tête, aussi régulièrement belle que celle du chanteur italien, mais colorée, pleine d'animation et d'éclat, la frappa d'une douce sensation; elle venait de contempler la mort, elle voyait à côté la vie dans toute sa jeunesse et sa séduction. Le marquis la regardait ardemment, et pour la première fois il semblait rencontrer dans une femme *la beauté* que jusqu'alors il n'avait jamais remarquée qu'en lui. Deux autres hommes placés près de Diane tenaient arrêté sur elle un regard brûlant; c'étaient l'abbé et le chevalier; tout à coup le chevalier dit brutalement à l'abbé : « Frère, dussé-je escalader » les murs de son hôtel et assassiner ses gens, » il faut que je tienne une nuit cette femme » dans mes bras. — Frère, répondit l'abbé » en souriant horriblement, quelle singu- » lière fraternité de sensation nous pénètre!

» oui, à mon tour, dussé-je employer les
» boissons léthargiques, les fausses clés et
» les poisons, il faut que cette femme me
» soit soumise. » Tandis qu'ils échangeaient
ces étranges paroles, le chant continuait plus
sonore et plus grave, et Diane, de nouveau
émue par cette belle voix, avait courbé la tête,
son esprit se perdait dans un monde intérieur. Quand le chant eut cessé, le vice-légat
suivi du jeune chanteur s'approcha de la
marquise : — Eh bien! madame, que pensez-vous de cette voix? lui dit-il. — Admirable ! je n'en ai jamais ouï de plus touchante. — Entendez-vous, Rincio? reprit
le cardinal. —Diane leva la tête et elle tressaillit en apercevant le chanteur qu'elle ne
croyait pas là. Voyons madame, donnez-lui
votre belle main à baiser, ce sera pour le
pauvre garçon une douce récompense. Diane
tendit sa main et le chanteur s'inclinant la

saisit dans ses mains glacées pour la porter à ses lèvres; mais tout à coup, après avoir regardé l'intérieur de cette main, il poussa un petit cri d'effroi et la laissa retomber. — Qu'avez-vous, Rincio? dit le cardinal. — Maître, du sang, un meurtre, un assassinat: cette femme si belle, si admirée, si digne d'amour, mourra violemment de la main des siens! — Insensé, taisez-vous, s'écria le légat. — Que dit-il? ajouta Diane; mourir de la main des miens, il ignore que je n'ai plus au monde qu'un grand-père qui m'adore, et une mère dont je suis l'idole. Et, comme rassurée par cette pensée, elle eut un sourire de compassion pour ce pauvre être frappé d'une sanglante vision. Le cardinal fit un signe au chanteur et celui-ci se retira en silence sans lever les yeux sur Diane. — Mon devin est en défaut, reprit le vice-légat en offrant son bras à Diane qui se levait; quelquefois, à la seule inspection de la main d'une personne, il a deviné tout son avenir; mais désormais, par ce qu'il vient de vous dire, madame, il me rend à jamais incrédule à sa science. — Il faut le plaindre, dit la marquise, il a l'air d'un jeune homme maladif et malheureux. — Oui, bien malheureux, murmura le cardinal. En cet instant ils passaient devant le marquis de Gange. — Marquis, dit le vice-légat, félicitez-moi et adressez, au nom de tous les gentilshommes d'Avignon, des actions de grâces à madame de ce qu'elle a bien voulu embellir cette fête de sa présence. — L'astre de la Provence ne pouvait pas nous priver plus longtemps de son éclat, répondit mythologiquement le marquis, et, marchant à côté de Diane, il continua à lui adresser toutes les formules de la galanterie d'alors. Diane n'écoutait ses paroles que comme une musique agréable, mais quand elle rencontrait ses regards elle en était singulièrement pénétrée. Lorsqu'elle parla de se retirer, le vice-légat proposa de nouveau ses équipages, le marquis de Gange offrit les siens avec insistance, Diane ne refusa point, et un mois après on célébrait à Avignon le mariage de la jeune veuve avec le marquis de Gange.

III

On parla beaucoup de cette union : en général, on la trouva tout-à-fait naturelle ; ils étaient tous les deux beaux, jeunes, riches, ne se convenaient-ils pas parfaitement ? — Les femmes disaient : — Celle qui, dit-on, a résisté à Louis XIV, qui a eu la constance de rester veuve pendant trois ans, a cédé enfin au marquis de Gange, cela devait être; eh! qui peut lui résister ! — Les hommes enviaient le marquis et auraient volontiers troublé son bonheur. Quant à elle, quant à lui, voici ce qui les avait décidés.

Diane avait l'âme tendre et triste : la figure du marquis l'avait involontairement émue, et quand il lui parla d'amour, elle se décida au mariage par une espérance grave et sainte, l'espérance de devenir mère; bonheur qu'elle n'avait point goûté dans son premier mariage. Ce qui décida le marquis, ce fut la satisfaction orgueilleuse d'accomplir ce qui, jusqu'alors, avait été réputé impossible, de toucher cette femme pudique et fière, et de lui faire oublier un premier mari qu'elle pleurait encore. D'autre part, la jeune veuve possédait une immense fortune, tandis que celle du marquis, grevée par de folles dépenses et une mauvaise gestion, diminuait tous les jours. Malgré ces purs sentiments d'un côté, et ces calculs vaniteux, intéressés, de l'autre, durant deux ou trois ans cette union fut assez douce; Diane était devenue mère deux fois, un fils et une fille remplissaient sa vie et empêchaient son cœur de s'apercevoir de ce qui manquait de sentiments élevés au cœur de son mari. Pour lui, il était si *fat* de sa femme, si je puis me servir dans ce sens d'une pareille expression, il était si orgueilleux de l'avoir conquise, qu'il s'en montrait en apparence amoureux. Durant ce temps l'abbé et le chevalier nourrissaient et dévoraient leur passion : l'abbé sentait que son heure n'était pas venue; quant au chevalier, il eût voulu dans son emportement enlever sa belle-sœur la première nuit de ses noces. Son frère le contint : « Allons voyager un an ou deux, lui dit-il, à notre retour le fruit désiré sera mûr; » et ces deux hommes, convenant entre eux d'un pacte de corruption, quittèrent la maison de leur frère en y appelant toutes les malédictions de l'enfer.

Diane avait vingt-cinq ans lors de son second mariage, le marquis de Gange n'en avait que vingt-trois ; cette différence d'âge d'abord peu apparente devint insensiblement plus marquée, les fatigues de la maternité enlevèrent à la marquise cette fleur de jeunesse et de beauté que nous n'avons qu'une fois.

Les femmes qui l'avaient regretté, et celles qui ne pouvaient se défendre pour lui d'un sentiment tendre, commencèrent à railler le marquis de sa fidélité à une femme qui n'était plus dans tout l'éclat de la jeunesse ; c'en fut assez pour cet homme puéril et efféminé ; Diane n'étant plus l'objet de l'admiration générale et même de la jalousie des femmes, il ne pouvait consentir désormais à mener avec elle une vie en apparence regulière ; il se rejeta dans le monde, et il eut bientôt reconquis sa réputation de séducteur irrésistible; alors, tout ce qu'il estima encore dans sa femme, ce fut son immense fortune. Diane ne s'aperçut pas d'abord de ce changement : très occupée de ses enfants, elle trouvait en eux une puissante distraction. Ce sentiment maternel, plus vif qu'aucun autre, l'empêchait de songer à pénétrer la nature de son mari; d'abord elle l'avait aimé instinctivement; maintenant elle l'aimait moins, mais sans se rendre compte encore de son caractère. Insensiblement le marquis se montra si froid, si indifférent, puis si dédaigneux pour elle, que Diane en fut frappée; elle chercha à le ramener en faisant appel à sa raison et à son cœur, et, pour la première fois, elle découvrit avec un effroi naïf et douloureux qu'il n'y avait dans cet esprit que de vaniteuses passions, et dans ce cœur que d'égoïstes instincts. A son tour, elle essaya de chercher dans le monde une distraction à son chagrin, et certes, si son âme élevée avait pu être satisfaite par les jouissances de la vanité, elle aurait trouvé dans les hommages qu'on lui rendit alors une douce vengeance de la conduite de son mari : jamais Diane n'avait paru plus belle aux hommes intelligents; les chagrins, les angoisses et les joies de la maternité avaient donné à son visage ce cachet de beauté intellectuelle qu'on n'acquiert guère avant trente ans. Mais Diane se lassa des hommages du monde. Le vice-légat, qui avait pour elle une affection toute paternelle et une vive sympathie d'esprit, voulut distraire cette gracieuse imagination qu'une tristesse sombre atteignait déjà; il inspira à Diane le goût des lettres, il lui fit lire les poètes italiens, et l'engagea à cultiver le talent naturel qu'elle avait pour la musique. Souvent il lui envoyait ce jeune chanteur italien dont le chant avait autrefois ému Diane ; c'était toujours un jeune homme pâle, timide et mélancolique ; il paraissait heureux de chanter pour distraire Diane qui parfois l'accompagnait sur le luth ou la viole d'amour.

Telle était la vie de la marquise de Gange, lorsque l'abbé et le chevalier reparurent dans la maison de leur frère ; la sagacité de l'abbé eut bientôt pénétré la désunion qui existait entre les deux époux ; il l'avait prévue, il songea à en profiter habilement : il se rendit utile à son frère, il redevint son intendant en chef, et le marquis, entraîné par de ruineuses dépenses, trouva commode d'avoir un trésorier complaisant, qui ne lui faisait aucune observation sur la dilapidation des biens de sa femme. Insensiblement, l'abbé devint le maître absolu dans la maison de son frère. La marquise elle-même se sentait sous sa dépendance; son service, ses femmes, tout était soumis au commandement de l'abbé. Jugeant la situation propice, l'abbé se décida enfin à faire connaître à Diane la passion profonde qu'il nourrissait pour elle. Un mouvement d'horreur, suivi d'un mépris glacial, répondit à cet aveu. L'abbé étouffa sa rage et dit froidement au chevalier : — « A votre tour maintenant, vous savez notre pacte; cette femme doit nous arriver l'un par l'autre. » Le chevalier fut reçu comme l'avait été l'abbé. Épouvantée de tant d'audace, la marquise eut un instant l'idée de tout révéler à son mari, d'en appeler à son honneur, au nom de leurs enfants. Le souvenir des torts récents du marquis la retint; qu'avait-elle à espérer de cet homme, il traiterait de folie, de chimère, le récit qu'elle lui ferait de la passion coupable de ses frères ; mieux valait étouffer l'angoisse de sa situation. Dans les graves circonstances de la vie, quand l'être sur lequel nous avions droit de compter nous manque, à quel cœur s'adresser, à quel bras avoir recours ?

Diane se prit à pleurer avec amertume en pensant à son isolement ; sa mère, sa seule confidente, sa seule amie, était loin d'elle, elle donnait des soins à son père mourant. Ainsi sans appui, la marquise de Gange se souvint tout à coup de la sanglante prédiction que le jeune Rincio lui avait faite chez le cardinal ; jamais, avant ce jour, elle n'avait songé à lui en reparler, mais à présent elle en était comme subitement frappée. Cet avenir menaçant lui apparaissait ; elle y croyait, elle le sentait proche. Elle voulut revoir le jeune chanteur à l'instant même, et lui faire répéter les paroles fatales qu'il avait autrefois prononcées. Elle donna l'ordre qu'on allât le chercher. Quand Rincio entra, il trouva la marquise de Gange assise sur un grand fauteuil, pâle, défaite, le visage couvert de larmes ; il comprit qu'elle était frappée par une grande douleur ; lui-même était profondément malheureux, et comme Diane était la seule personne qui lui eût jamais témoigné quelque intérêt, il lui avait voué un profond dévouement.

— Rincio, dit vivement la marquise, prenez ma main, examinez-la, et répétez-moi aujourd'hui ce que vous m'avez dit autrefois.

Rincio tressaillit douloureusement, mais l'affection qu'il sentait pour cette femme désolée lui inspira tout à coup ce qu'il devait faire. — Madame, dit-il en s'inclinant avec respect, jusqu'à ce jour j'avais eu l'espérance que vous aviez oublié des paroles insensées prononcées par un pauvre fou ; rien n'est vrai dans ces paroles, rien que le délire d'une imagination malade qui m'égare souvent. Pardonnez-moi l'impression pénible que je vous ai laissée, puisque cette impression vous est revenue. — Ainsi, Rincio, rien n'est vrai dans cette prédiction, reprit amèrement la marquise ; ainsi vous ne prévoyez rien de fatal dans ma destinée ? Oh ! dans ce cas, Rincio, je suis meilleure devineresse que vous, car je me sens, dès ce jour, vouée à quelque horrible catastrophe. — S'il en est ainsi, madame, s'écria vivement le jeune chanteur, si quelque malheur vous menace, oh ! comptez sur moi, permettez-moi de veiller sur vous ; je ne suis rien dans ce monde, ma vie n'est utile à personne, la mort me serait douce ; oh ! laissez-moi vous servir, ne repoussez pas l'appui du pauvre Rincio. Et en prononçant ces paroles il s'agenouilla respectueusement aux pieds de Diane : touchée de ces offres de dévouement, elle lui tendit la main ; en cet instant la porte de l'appartement s'ouvrit et l'abbé parut... — A merveille ! madame, s'écria-t-il, à merveille ! — Et, sans prononcer une parole de plus, il se retira en riant ironiquement. Mais, quelques secondes après, il revint suivi du marquis de Gange. Rincio n'était plus dans l'appartement, le marquis éclata en injures et en menaces contre sa femme, heureux de trouver enfin un tort réel à celle qu'il avait jusqu'alors si gratuitement affligée. Diane resta impassible, et comme si elle avait dédaigné de donner aucune explication à son mari : — Monsieur, dit-elle froidement en sortant, demain je me retirerai dans un couvent ou chez ma mère. — Le marquis écumait de rage. Que ne peux-tu, mon cher abbé, dit-il à son frère, me débarrasser de cette femme comme tu m'as débarrassé du souci de gérer ma fortune !

L'abbé eut un sourire atroce, et il serra la main de son frère.

Le soir de ce jour, la marquise descendit à souper comme de coutume ; elle voulait dérober à ses enfants et à ses gens ces dissensions intérieures ; triste et malade, elle mangea peu, elle goûta seulement à un mets qu'elle aimait beaucoup, c'était une crème à l'amande [1]. A peine en eut-elle avalé quelques cuillerées, que des coliques horribles la contraignirent à quitter la table : elle crut comprendre, mais elle n'osa exprimer ses soupçons ; les soins de ses femmes la soulagèrent. Elle échappait à peine à cette crise lorsqu'un domestique lui annonça que le

[1] Historique.

vice-légat venait d'arriver et demandait à lui parler; elle donna l'ordre qu'on l'introduisît; il entra suivi du marquis de Gange. — Madame, dit le cardinal en s'approchant du lit de repos où Diane était couchée et en lui prenant la main, j'ai un grand malheur à vous annoncer; vous êtes déjà triste et malade, que Dieu vous donne du courage pour recevoir la nouvelle que je vous apporte. M. de Nochères, votre grand-père, est mort ; si vous aviez une âme moins élevée, les grands biens qu'il vous laisse pourraient être une consolation à votre douleur, mais je vous connais, et je sais que la fortune ne vous touche point. — Et ma pauvre mère ? demanda douloureusement Diane. — Elle a fermé les yeux à son père, elle reviendra près de vous aussitôt qu'elle aura rempli de pieux et derniers devoirs. — Madame est-elle l'unique héritière, demanda avidement le marquis?—Oui, monsieur, répondit sévèrement le cardinal, et peut-être qu'une pareille considération vous décidera à traiter plus respectueusement à l'avenir la mère de vos enfants. — Mais votre excellence ignore.... murmura le marquis. — Je sais tout, poursuivit le cardinal, et votre scène de ce matin est d'autant plus odieuse et ridicule que ce pauvre Rincio... il dit quelques mots à voix basse à l'oreille du marquis, qui ne put s'empêcher de laisser échapper un léger éclat de rire; puis, se tournant vers Diane : — Ma chère amie, pardonnez-moi je vous en conjure, j'étais un fou, me voilà revenu à la maison et bien décidé à vous rendre heureuse. — Heureuse! répéta lentement Diane. —Allons, promettez-moi devant monsieur le cardinal que vous ne me quitterez pas. — Pour nos enfants, monsieur, répondit tristement la marquise, je veux bien continuer à vivre avec vous, mais j'ai besoin de quelques mois de retraite; laissez-moi partir pour Gange avec mes enfants et y recevoir ma mère; peut-être quand nous nous reverrons j'aurai oublié le passé et serons-nous moins malheureux. — Le marquis insista pour accompagner sa femme; mais, soutenue par le légat, Diane finit par l'emporter, et il fut convenu que dès le lendemain elle partirait seule avec ses enfants pour le marquisat de Gange. Quand le cardinal et le marquis se furent retirés, la pauvre femme, poursuivie par les plus sombres pressentiments, écrivit durant cette nuit son testament; elle instituait sa mère son héritière, à la charge de remettre sa succession à ses enfants. Après avoir tracé cet écrit, elle l'adressa au vice-légat accompagné d'une déclaration où elle protestait contre tout autre testament qu'elle pourrait faire plus tard.

IV

Gange est une petite ville assez riante, située sur la route qui conduit de Nîmes au Vigan.

C'est par une belle journée de mai 1667 que la marquise y arriva. Quand elle se retrouva seule avec ses enfants, au milieu d'une population dont elle était adorée, il lui sembla qu'elle était en sûreté. Elle pénétra sans terreur dans ce vieux château désert, dont une façade donnait sur une place et l'autre sur la campagne; elle alla s'asseoir dans un grand salon qui s'ouvrait sur les jardins. Ce salon, en boiseries, d'un aspect assez sombre, avait pour tout ornement deux grands portraits en pied qui se souriaient: c'étaient le portrait de Diane, peint par Mignard, et celui du marquis de Gange. Tous les deux jeunes, tous les deux beaux, tous les deux heureux, tels qu'ils étaient au moment de leur mariage. Diane tenait ses enfants par la main en regardant ces portraits : sa fille et son fils répétaient le nom de leur père ; elle fut émue au son de leur douce voix, elle s'attendrit en pensant à son mari, elle s'accusa de l'avoir trop accusé, et elle espéra pouvoir lui rendre dans l'avenir, sinon des sentiments à jamais éteints, du moins un peu d'estime... un peu d'amitié ! C'était le père de ses enfants ! — Puis, pensait-elle, ma mère va arriver, elle veillera sur moi, elle me délivrera de l'abbé et du chevalier ; oh ! ma vie sera belle encore avec ma mère et mes enfants. Durant quelques jours elle se livra à ces douces espérances ; elle faisait avec ses enfants de longues promenades dans les champs, elle recevait les dames de la ville, que sa gracieuse bonté attirait et charmait ; elle allait porter aux pauvres des consolations et des aumônes, et elle sentait son âme revenir à la paix, presque au bonheur. Elle éprouvait pourtant un indicible malaise depuis le jour où elle avait goûté à cette crème aux amandes, elle sentait des douleurs d'entrailles qui souvent lui arrachaient des cris. Un jour, où elle avait été forcée de s'aliter, elle était plongée dans un demi-sommeil, lorsqu'elle crut entendre dans la cour le roulement d'une voiture; elle s'élance à demi de son lit, et dit à une de ses femmes : — Ma mère, ma mère qui arrive ! — Non, madame, répond la femme de service qui s'est approchée de la fenêtre, ce sont M. l'abbé et M. le chevalier. La marquise de Gange laisse échapper un cri : — Mon Dieu ! que me veulent-ils? dit-elle avec épouvante en cachant sa tête dans ses mains; puis, comme humiliée d'avoir montré son effroi, elle donne ordre qu'on lui amène ses enfants, et, lorsqu'ils sont auprès d'elle, elle attend avec plus de courage l'arrivée de ces deux hommes. L'abbé entre suivi du chevalier, il affecte des manières courtoises et même amicales; il fait à sa belle-sœur de tendres reproches d'avoir quitté si brusquement Avignon, puis il ajoute d'un ton moins riant, mais toujours affectueux : — Vous vous êtes rendue coupable envers mon pauvre frère d'une véritable trahison, vous avez fait un testament où vous le dépouillez non-seulement de ses droits d'époux, mais encore de ses droits de père ; et pensez-vous, madame, que, si la mort vous enlevait à notre adoration, personne mieux que votre mari sût veiller sur les intérêts de vos enfants ? — Je sais quel est mon devoir, répondit la marquise. — Votre devoir, madame, est d'écrire aujourd'hui même un nouveau testament, de réparer l'injure que vous avez faite au marquis de Gange. — Diane réfléchit un instant ; elle savait que la protestation qu'elle avait adressée au vice-légat entachait de nullité toutes les dispositions nouvelles qu'elle pourrait faire. — Eh bien ! qu'il en soit selon votre désir, dit-elle à l'abbé. — A l'instant même, celui-ci lui présente un nouveau testament à signer. Elle le parcourut à peine du regard, puis elle y apposa son nom sans hésitation. Elle fait ensuite comprendre à ses beaux-frères qu'elle désire être seule et prendre un peu de repos. Ils sortent, et la malheureuse femme espère enfin être délivrée de ses persécuteurs. Vers la fin du jour, elle demande une potion : elle l'attendait de la main d'une de ses femmes, mais c'est l'abbé qui entre tenant un verre d'une main et de l'autre un pistolet qu'il cache à moitié ; le chevalier le suit l'épée hors du fourreau; ils s'approchent tous les deux du lit de Diane éperdue. Un instant elle espère que le chevalier s'est armé pour la défendre.

L'abbé la détrompe en prononçant ces mots d'une voix terrible : — Madame, il faut mourir : choisissez, le feu, le fer ou le poison. — Mourir ! et qu'ai-je fait pour mourir? s'écria la malheureuse femme. — Prenez votre parti, répond rudement le chevalier, ou nous déciderons à l'instant pour vous. Elle prend d'une main tremblante le verre de poison et le porte à ses lèvres, tandis que l'abbé appuie sur sa poitrine le canon de son pistolet, et que le chevalier lui présente la pointe de son épée. Elle avale cette horrible liqueur avec fermeté : son front ruisselle de sueur; quelques gouttes du breuvage tombent sur son sein et y laissent des taches noires qui attestent la violence du poison. On la force à boire jusqu'au fond du verre : elle obéit, puis demande avec résignation qu'on lui envoie les secours de la religion. Les deux assassins sortent en fermant la porte à clé. Ils vont donner ordre à l'aumônier du château de se rendre auprès d'elle et de la voir mourir. Ce prêtre se nommait Perrette, c'était l'âme damnée de l'abbé ; il avait été son précepteur, et tout enfant lui avait donné d'infâmes leçons qui portaient aujourd'hui leurs fruits.

Cependant Diane n'avait pas perdu sa présence d'esprit : à peine seule, elle s'élance vers la fenêtre de sa chambre élevée à vingt pieds du sol ; elle allait se précipiter lorsque Perrette arrive ; il veut la retenir par sa robe, elle résiste, laisse un lambeau de son vêtement entre les mains du prêtre, et par une sorte de miracle elle ne se blesse point dans sa chute et retombe sur ses pieds. Perrette alors, ne pouvant l'atteindre, lance sur elle une énorme cruche pleine d'eau qui tombe à ses côtés. Diane mouille sa longue chevelure, en plonge les tresses dans son gosier, et provoque un vomissement qui la délivre d'une partie du poison. Elle cherche ensuite à s'évader; un palefrenier lui ouvre une issue par les écuries, elle fuit, elle se jette dans les rues déjà obscures, pieds nuds, à peine couverte d'un jupon en lambeaux, l'air égaré, les cheveux épars, et criant au secours. Le chevalier et l'abbé, avertis par Perrette, la poursuivent en disant qu'elle est folle, que l'état dans lequel on la voit en est la plus sûre preuve : on les croit, on les laisse pénétrer dans la maison où la marquise de Gange vient de se réfugier ; le chevalier, qui est arrivé le premier, demande à rester seul avec sa belle-sœur pour la calmer, dit-il, et pour la ramener à la raison. A peine s'est-on éloigné que, rugissant comme un tigre, il se précipite sur la marquise, il lui plonge cinq fois son épée dans le corps et lui en laisse le tronçon dans l'épaule. L'abbé survient. — *Retirons-nous, lui dit le chevalier, l'affaire est faite.* Et à la faveur de la nuit ils parviennent tous deux à s'évader.

La marquise de Gange survit quelques jours à ses horribles blessures. Son mari est averti du crime commis par ses frères ; il se sent complice et n'ose se rendre à Gange. Après deux jours d'hésitation, il y arrive pourtant ; il avait un dernier acte à arracher à sa femme expirante, il voulait la forcer à rétracter la protestation qu'elle avait adressée au vice-légat.

La marquise de Joannis de Roussans, la mère de Diane, était près d'elle quand le marquis de Gange arriva ; elle ne put soutenir la vue de cet homme ; elle sentait que lui aussi était un des assassins de sa fille. Malgré les instances de la mourante, qui la conjure de pardonner à son mari, elle s'éloigne remplie d'une sainte colère, elle quitte sa fille pour aller demander vengeance contre ceux qui l'ont frappée.

Diane expira en tendant la main à son mari, et en faisant jurer à son fils et à sa fille le pardon de ses assassins.

Le parlement de Toulouse rendit un arrêt contre les coupables ; l'abbé et le chevalier furent condamnés à être rompus vifs, le prêtre Perrette aux galères perpétuelles, et le marquis de Gange au bannissement à vie. Les preuves manquaient contre ce dernier.

L'abbé et le chevalier avaient fui de France. Le chevalier prit du service à Venise et mourut au siége de Candie. L'abbé se retira en Hollande, où il séduisit une jeune fille de grande famille qu'il finit par épouser. Perrette, attaché à la chaîne des galériens, mourut en chemin.

Quant au marquis de Gange, après quelques années d'exil, il fut rappelé par son fils. Lors de la révocation de l'édit de Nantes, il se rendit odieux dans les Cévennes par les vexations qu'il exerça contre les protestants, et, lorsque cette distraction cruelle lui manqua, le plus infâme dessein pénétra dans cette âme à jamais gangrénée par le vice. La femme de son fils était pure et belle, il tenta de la séduire. Le jeune marquis de Gange, épouvanté de cet excès de corruption, se vit forcé de chasser lui-même son père et de demander qu'il fût de nouveau exilé de France.

C'est alors que le misérable vieillard alla se réfugier dans une petite ville du comtat Venaissin; mais là, à peine fut-il connu qu'il devint pour tous un objet d'horreur. Pour échapper au mépris et à la réprobation qui le poursuivaient, souvent il s'enfermait durant des mois entiers dans la vieille tour battue par les flots du Rhône : on croit même qu'il y mourut, et depuis lors les enfants de la contrée ne passent pas sans terreur près de l'enceinte maudite.

Mais déjà la tour avait fui loin de moi, Avignon avait disparu : encore quelques instants et j'allais toucher au rivage où j'étais attendue. Avant de saluer les vieux créneaux des châteaux rivaux de Beaucaire et de Tarascon, je veux encore, madame, vous tracer un souvenir qui touche au drame sanglant que nous venons de ranimer ensemble.

En 1829, en allant avec ma mère faire un voyage dans les Cévennes, nous passâmes à Gange. Nous occupions le coupé de la diligence, et je pouvais facilement causer avec le conducteur. C'était un homme du pays, je le questionnai sur le tragique évènement dont Gange avait été le théâtre. En vain je sollicitai ses souvenirs : il ne savait rien de la tradition.

Mais au nom du marquis de Gange il me dit avec satisfaction : Oh ! je l'ai bien connu, le dernier marquis de ce nom; il est mort il y a quelques années; je le voyais toutes les semaines, j'étais son commissionnaire. Quoique tout-à-fait idiot, il était fin à l'endroit des bons morceaux. — Idiot, lui dis-je, l'héritier de la maison de Gange, idiot ? — Oui, mademoiselle, comme qui dirait un homme dans l'enfance; il avait été toujours ainsi depuis qu'il était né. Ce n'est que pour apprécier une dinde truffée qu'il était plein de ruse et de sagacité. — En vérité ? — A chaque voyage à Nîmes, je lui apportais un de ces gibiers, et je vous assure que j'avais bien de la peine à le satisfaire ; quand la dinde n'était pas assez grosse, les truffes assez parfumées, ce pauvre vieillard pleurait et s'arrachait les cheveux. Ma mère fit quelques réflexions tristes et morales sur cette étrange expiation ! Le dernier descendant de la famille de Gange frappé d'idiotisme et d'abrutissement !!!

Mais voici devant moi mes tours bien-aimées, les tours crénelées du vieux donjon de Tarascon ; leurs ombres carrées se reflètent dans le Rhône ; sur l'autre rivage, voilà Beaucaire ; voilà la colline couronnée de la chapelle bâtie par Saint-Louis ; voilà le pont féerique, le gracieux pont suspendu qui unit, comme une ceinture flottante, les deux villes ensemble ; voilà les vertes pelouses de Beaucaire ombragées par de vieux arbres ; là les marchands de tous les pays se donnent rendez-vous au temps de la foire. Que de belles soirées j'ai passées là quand j'étais jeune fille ! Je n'ai pu retenir mes larmes en revoyant ce rivage : c'est que les jours évanouis ne reviennent jamais, c'est que ceux que j'aimais ne sont plus ! La cloche du bateau venait de sonner, les voyageurs descendirent sur la grève. Je trouvai là des parents et des amis, je montai avec eux dans la carriole de campagne, conduite par d'agiles mulets qui agitaient leur collier de grelots. C'est ainsi que j'arrivai au village de Bellegarde.

Adieu, madame ; nous partons demain pour Nîmes, puis nous irons à Arles, à Marseille; je voudrais passer tout l'automne dans ces belles contrées.

Gardez-moi un bon souvenir.

LES BOHÉMIENS DU PONT DU GARD.
LE CHATEAU DE MON PÈRE.

A MADAME DUPIN [1].

I

Au village de Mouriès, 20 septembre 1842.

Je crois, madame, que vous ne pourriez découvrir sur aucune carte de la France le

---

[1] Cette lettre, adressée à madame Dupin, n'a pu être lue par elle. Madame Dupin a succombé il y a plusieurs mois à une longue et douloureuse maladie. Nous donnons ici quelques pages que nous publiâmes alors, sur cette femme distinguée, dans la *Revue de Paris*, du 5 février 1843 :

« Il y a quelques jours, la porte d'une maison de la rue d'Enfer était tendue de noir. On descendit un cercueil d'un quatrième étage, il fut déposé dans un nom du village d'où je vous écris. C'est à peine si quelques anciennes cartes de la Pro-

simple corbillard drapé de blanc, et une vingtaine de personnes l'accompagnèrent au cimetière du Mont-Parnasse. Parmi elles, on remarquait M. Ballanche, M. Geoffroy-Saint-Hilaire, M. de Salvandy, M. Sainte-Beuve, et le fils de M. de Senancour qui était là pour remplacer son père aveugle et infirme. Celle que ces hommes éminents accompagnaient à la terre qui doit nous recouvrir tous était madame Dupin, une des femmes auteurs qui se sont le plus distinguées dans la littérature contemporaine. Ce n'était pas seulement l'esprit qu'on honorait en elle, c'était surtout un noble caractère éprouvé à toutes les angoisses de la mauvaise fortune. La vie courte et douloureuse de madame Dupin avait passé respectée et soutenue par les précieuses amitiés qui lui survivaient.

» Femme d'un libraire de Lyon qui avait fait de mauvaises affaires, madame Dupin vint à Paris avec son mari et ses enfants. M. Dupin, ancien soldat, obtint d'être placé aux Invalides, et la courageuse mère resta l'unique appui de trois filles, dont l'aînée n'avence en font mention comme d'un hameau sans importance. Aujourd'hui, le hameau

vait pas alors douze ans. Que faire pour soutenir ces jeunes vies ! quel honnête et calme métier trouvera-t-elle qui puisse à la fois lui permettre de s'occuper de l'éducation de ses enfants et de subvenir à leurs besoins ? Madame Dupin avait aimé la littérature comme une puissante distraction ; elle songea à la cultiver comme un moyen d'existence. Et ici nous demanderons à de certains écrivains qui croient fort piquant et de très bon goût de tourner en ridicule les femmes de lettres, quels que soient d'ailleurs leur talent et le respect que devrait inspirer leur position, nous demanderons à ces petits messieurs, qui traitent de *bas bleu* toute femme qui tient une plume, l'état qu'ils conseilleraient à leur mère ou à leur sœur si elles étaient frappées par la mauvaise fortune. Ils avaient la liberté du choix entre plusieurs carrières, eux, qui écrivent si lestement un pamplet ou un feuilleton ; les armes, la marine, l'industrie, étaient autant de professions qu'ils pouvaient embrasser ; mais, pour des femmes, quel parti prendre, sinon de mettre à s'est agrandi et compte une population de deux mille habitants, heureux, tranquilles,

profit dans la retraite la culture de leur esprit? Ce qu'il y a de plaisant, c'est que ces courageux pourfendeurs des intelligences féminines s'imaginent marcher sur les traces de lord Byron et de Molière. Les femmes que lord Byron a raillées sous le nom de *bas bleus* étaient quelques vieilles pairesses d'Angleterre très opulentes, et qui ne demandaient pas aux lettres le pain de chaque jour. Quant aux *précieuses et aux femmes savantes* de Molière, issues du brillant hôtel de Rambouillet, elles étaient de la même famille que ces insolents et prétentieux marquis que Louis XIV désignait lui-même à la verve satirique de son grand poète. Molière raillait le ridicule heureux, mais il n'aurait pas raillé le malheur uni à l'intelligence; qui sait même, s'il revivait de nos jours, ce bon et sublime génie, s'il ne protégerait pas de ses conseils et de son talent ces femmes éclairées et courageuses qui demandent à la littérature un peu d'or pour leurs enfants, un peu de gloire pour prix de leurs talents? Il dirait d'elles ce qu'il disait de sa troupe : « *Ces braves* vivant dans l'égalité sociale la plus complète, car, à part le curé, le notaire, un ou

gens ont besoin de moi, ce sont mes enfants. »

» Lorsque madame Dupin commença à écrire, la révolution de 1830 venait d'éclater ; les idées politiques préoccupaient tous les esprits. C'était une époque peu favorable pour se faire une réputation littéraire ; et, sans un nom cité, comment gagner un peu d'argent? Que de chagrins, que de luttes eut à supporter ce noble esprit ! à combien de travaux infimes elle descendit pour recueillir péniblement, jour par jour, le prix de la nourriture de ses trois filles et du loyer de l'appartement modeste qui les abritait ! Elle écrivit des contes d'enfants, des abrégés historiques, une mythologie dramatique qui eut un véritable succès et qui fut adoptée par la maison royale de Saint-Denis. A combien de portes de libraires elle dut frapper! et, certes, il lui fallut un grand courage pour affronter les dédains ou l'ignorance de ces messieurs. Que de fois la pauvre mère dut répéter avec amertume les trois vers de Dante :

Tu proverai siccome sa di sale

deux médecins et le professeur de l'école primaire, cette population se compose en-

Lo pane altrui, e com'è duro calle
Lo scendere e'l salir per l'altrui scale [1].

Mais elle était soutenue par la pensée de ses enfants, par ce sentiment maternel, le plus puissant, le plus passionné, le plus durable que Dieu mette en nous. Lorsque le nom de madame Dupin commença à être connu, elle s'essaya dans le roman : son ardente imagination l'y portait. Elle a publié en ce genre trois ouvrages qui ont eu du succès : *Marguerite*, *Cydonie* et *Comment tout finit*. On trouve dans ce dernier livre une nouvelle fort remarquable, qui a pour titre : *les Joies de Henri VIII*. Peut-être on pourrait reprocher à ces ouvrages quelques exagérations de sentiment et un abus de la phraséologie d'une certaine école. Peut-être encore madame Dupin avait trop constamment souffert pour bien écrire le roman; il faut avoir eu dans sa vie quelques phases heureuses, quel-

[1] Tu sauras combien le pain d'autrui a d'amertume, et combien il est dur de monter et de descendre un escalier étranger.

tièrement de cultivateurs, entre lesquels le sol est partagé presque par égales parts.

ques lueurs de bonheur, pour peindre avec vérité certaines illusions.

» Dès ses débuts littéraires, madame Dupin avait été accueillie par madame Récamier, par cette femme qui a le génie de la bonté et de la grâce. Dans ce salon d'où sont sortis tant de brillantes réputations, tant de modèles d'esprit et de goût, madame Dupin put contempler chaque jour la majestueuse figure de M. de Chateaubriand, de ce génie reconnu et consacré de son vivant, comme ne le sont d'ordinaire que les grands hommes des siècles passés. Un tel contact contribua puissamment à élever sa pensée et à former son style. Elle fit dès lors des études sérieuses. Un grand article sur Schiller, publié par l'*Encyclopédie nouvelle*, et une appréciation d'*Alfieri*, qui parut dans la *Revue de Paris*, révélèrent tout à coup en elle un esprit d'analyse plein de portée et une rare vigueur de style. Que de veilles elle passa à se former ainsi! quelle lutte à la fois intéressante et douloureuse entre la nécessité de travailler vite et le désir de se perfectionner!

Chaque possesseur cultive son champ et vit de ses produits.

Le travail assidu, les privations, le chagrin, minaient lentement sa santé ; mais une autre vie dépérissait auprès de la sienne ; pouvait-elle penser à elle ? Sa fille aînée, belle, intelligente, et qui l'aidait déjà dans ses travaux, mourut à quinze ans d'une maladie de langueur. Alors la pauvre mère fut frappée au cœur ; elle, jusqu'à présent si pleine de force et de bon vouloir, elle perdit tout à coup toute énergie morale ; elle oublia presque, durant un temps, les deux enfants qui lui restaient ; elle avait perdu la plus chère, celle du moins qui savait la comprendre et la soutenir. Avec une telle douleur dans l'âme, comment travailler, comment songer à vivre ? Un homme généreux lui vint en aide. M. de Salvandy, alors ministre de l'instruction publique, lui accorda une pension. Que de fois elle m'a raconté avec larmes la bonté empressée et la touchante délicatesse qu'il mit à la secourir ! Le jour où elle reçut l'ordonnance de la pension, elle dit à ses enfants de mettre chaque soir dans leur prière le nom de leur bienfaiteur. « Sans lui, ajouta-t-elle sim-

La famille du général Dumouriez est originaire du village *de Mouriès*, et en a tiré son

plement, vous manquiez de pain, car je n'avais plus de courage pour vous en gagner. »

» Quoique à jamais brisée, cette âme triste et fière fut relevée par le sentiment du devoir. Cette dernière douleur, qui effaçait toutes les autres, donna à son talent un ressort de plus. Elle se remit au travail, et tous les écrits qui sortirent dès lors de sa plume furent empreints d'un sentiment grave et réfléchi qui la rendait propre à pénétrer et à analyser avec une véritable supériorité les passions humaines mises en scène par les grands poètes. Attachée à la rédaction de l'*Artiste*, de la *Revue du XIX*e *siècle* et de la *Revue de Paris*, madame Dupin publia tour à tour, dans ces diverses feuilles, un grand nombre de nouvelles et d'articles bibliographiques. Elle donna, dans la *Revue de Paris*, une série de poètes italiens qui, réunis en un volume, offriraient des sujets d'étude intéressants. A *Alfieri* succéda *Manzoni*, puis *Métastase*, puis *Monti*, qu'elle écrivit sur son lit de mort; *Ugo Foscolo*, qu'elle avait commencé, est resté inachevé.

nom ; mais cette particularité historique n'a pas laissé de traces dans le pays, tant les

» Après la perte de sa fille, madame Dupin avait voulu se raidir, mais le coup était mortel. Elle continuait sa carrière, elle accomplissait ses devoirs ; loin de fuir sa douleur, elle vivait avec elle. Elle couchait dans la chambre où son enfant était morte. Souvent, assise auprès de sa fenêtre qui dominait les vastes jardins qui s'étendent derrière la rue d'Enfer, elle me disait : « Ma fille aimait à reposer les yeux sur ces grands arbres, sur ce clocher de la vieille église Saint-Jacques dont l'horloge remplaçait pour elle la pendule qui nous manquait, sur ce beau dôme du Val-de-Grâce; comme elle, j'aime cette perspective, je mourrai en la regardant. » Un jour, comme je voulais la distraire de ces tristes pensées, elle me dit tout à coup : « Vous voyez ce dôme du Val-de-Grace ; c'est là qu'Anne d'Autriche venait prier ; lorsque la mère de Louis XIV s'enfermait durant des semaines entières avec d'humbles religieuses pour implorer Dieu, elle était atteinte d'un mal horrible, d'un mal que madame de Motteville nous décrit avec des détails qui font frémir ;

souvenirs historiques sont indifférents à ces
esprits bucoliques. Mouriès ne possède au-

eh bien ! ce mal, j'en porte le germe, j'en mourrai. »

» Elle disait vrai ; une vie d'indigence et de labeur avait appauvri et consumé son sang et développé un cancer. Ce fut avec un courage héroïque qu'elle supporta l'opération. On lui avait donné quelque espérance, elle devait essayer à vivre pour ses enfants. Durant deux ou trois mois, elle crut à une guérison, elle se remit au travail, mais le mal revint, et son agonie fut cruelle, elle dura près d'un an ; alors cette âme délicate et fière se vit tout à coup entourée des plus hautes et des plus glorieuses sympathies. La reine, cette mère auguste si cruellement frappée, elle aussi, dans ses deux enfants bien-aimés, la reine comprit la douleur de cette autre pauvre mère qui allait mourir. Elle assura le sort de sa fille cadette qu'elle plaça dans une pension. M. Villemain fut bon et généreux pour elle, comme l'avait été M. de Salvandy. Madame Récamier venait chaque jour lui apporter ses douces et pénétrantes consolations. Mesdames Augustin Thierry, Geoffroi - Saint - Hilaire, Desbordes - Valmore, Amable cune ruine romaine, ni aucun débris de monument du moyen âge ; seulement, la façade d'un max ¹ voisin est le reste d'une maison de plaisance de Jeanne de Naples. Le souvenir de cette reine, si belle, si poétique, si coupable et si malheureuse, répand sur ce tranquille village comme un retentissement lointain des agitations du monde. C'est là tout, car, à part cette ruine, Mouriès se compose de maisons propres et simples, tou-

Tastu, ne l'ont pas quittée dans ses derniers jours.

» Elle me disait deux semaines avant sa mort : « Il m'est presque doux de souffrir et de mourir. Je n'ai bien compris que dans ces derniers temps combien l'humanité est bonne et compatissante. Ceux qui m'ont aimée n'abandonneront pas mes enfants. »

» Ainsi elle a fini dans d'affreuses douleurs physiques, mais entourée de toutes les consolations morales qui peuvent soutenir l'âme dans ce terrible moment.

» Madame Dupin avait à peine quarante ans. »

¹ Nom provençal d'une grande ferme.

tes de construction moderne et d'une église blanche, surmontée de son clocher blanc; autour du village s'étendent à perte de vue d'immenses vergers d'oliviers, dont la verdure pâle et terreuse semble couvrir le sol d'un linceul gris. Çà et là quelques terres, plantées de mûriers ou de vignes, jettent un peu de variété sur cette végétation monotone. On aperçoit aussi des landes abandonnées, toutes semées de cailloux; à l'ouest, de vastes marais entourés de grands roseaux; au nord, une petite chaîne de montagnes qui accidente le paysage; ainsi, rien de pittoresque dans ce village, rien d'agreste dans ses environs; partout une uniformité triste qui ne dit rien à l'âme, et pourtant la mienne est retenue ici par les sentiments les plus puissants; je suis à Mouriès depuis une huitaine de jours, et je vois, avec un invincible regret, s'avancer le moment du départ ; quel charme douloureux me retient ici ? Ah ! c'est que derrière cette petite chaîne de montagnes, qui s'élève au nord, est caché l'ancien château de mon père ; c'est que, sur ce tertre, à l'ouest du village où se déroule un mur blanc, surmonté d'une simple croix, est ensevelie ma mère sous une humble tombe, entourée des pauvres qu'elle a secourus et qui l'ont aimée durant sa vie. Mais, avant de vous dire toutes les émotions que j'ai trouvées ici, je dois vous raconter comment j'y suis arrivée, vous parler des lieux que j'ai parcourus, tenir enfin la promesse que je vous ai faite d'une description de voyage. Je ne vous peindrai pas classiquement tous les grands monuments que j'ai admirés, tous les beaux paysages qui m'ont souri ; je vous dirai mes impressions avec la fantaisie libre du poète ; puissiez-vous me suivre sans trop d'ennui !

Et d'abord, c'est à Nîmes, madame, que je veux vous conduire. Pour arriver dignement dans cette ville romaine, prenons la route qui passe près du pont du Gard; près de ce débris du gigantesque aqueduc, qui transportait les eaux dans toute la contrée. Les ruines sont toujours belles et saisissantes; elles parlent à l'homme un langage mélancolique et profond, mais elles nous frappent surtout lorsqu'elles nous apparaissent au milieu de quelque beau paysage solitaire, loin du bruit des cités modernes, que distrairait la méditation qu'éveillent en nous ces grands vestiges du monde antique. C'est ainsi que le pont du Gard est doublement imposant par la hardiesse de son architecture et par les lieux pittoresques qui lui servent d'encadrement. Nous arrivâmes, par une belle matinée des premiers jours de septembre, en face de ce triple rang d'arcades qui s'élèvent jusqu'au ciel et se détachent sur son vif azur. Les eaux du Gardon, grossies par les pluies, coulaient rapides et argentées. A l'est, le riant village de Remoulin se groupait à quelque distance. Au nord, aux dernières limites de l'horizon, nous découvrions le mont Ventoux se perdant dans les nuages; puis, sur des plans plus rapprochés, de petits vallons boisés, de jolies collines, animées çà et là par de gracieuses maisons des champs. Au midi, la vue est bornée par la grande route qui conduit à Nîmes et qui se déroule comme une longue pièce de toile écrue, ensuite par des rochers mousseux dont les flancs, creusés en cavernes, servent souvent d'abri à des troupes de Bohémiens. Enfin, à l'ouest, le pont de construction moderne, dominé par le pont ou plutôt par l'aquéduc antique; et derrière ces grandes lignes d'architecture aérienne, des côteaux couverts de beaux arbres, qui voilent à demi le vieux château de Fournaise, dont Louis XIII et Richelieu ont été les hôtes durant quelques jours.

Nous nous assîmes au pied des rochers qui s'élèvent au midi, sur une espèce de plate-forme gazonnée qui descend jusqu'au lit du Gardon. De là, le point de vue est admirable. Nous nous disposâmes à déjeuner sur l'herbe. D'autres voyageurs nous avaient précédés et prenaient déjà leur repas. C'était une famille de ces Bohémiens qui vont errants dans toutes les parties du globe, race étrange, dont l'origine se perd dans l'obscurité des âges. Notre approche n'eut pas l'air d'effaroucher la petite bande vagabonde, que semblait présider un vieillard à barbe et à chevelure blanches, couvert d'un long manteau de toile blanche assujéti au cou par une agrafe de bois sculptée au couteau. Un homme de quarante ans, qui paraissait son fils, était assis près de lui ; grand, robuste, il était vêtu d'une chemise de toile bleue et d'un pantalon de même étoffe et de même couleur ; sa tête au teint olivâtre, aux yeux noirs, aux cheveux bruns et touffus, était couronnée d'un long bonnet de laine à zones rouges, vertes et bleues. A ses côtés, une femme à peu près du même âge que lui allaitait un enfant. Quoique flétris, les traits de cette femme étaient encore expressifs et réguliers ; elle avait les yeux plein de feu et les dents d'une éblouissante blancheur ; pour toute coiffure, elle portait, penché sur son front, et laissant à découvert ses cheveux déjà grisonnants, un de ces larges chapeaux de feutre noir à petite calotte, que les belles Arlaisiennes posent inclinés par-dessus leur coiffe. Enfin, auprès d'elle se tenaient un jeune garçon et une jeune fille de quatorze à quinze ans, bien faits, élancés, agiles, au visage mobile, à l'œil doux et vif, véritables types de Bohémiens, habillés de clinquants et d'oripeaux.

Ces deux enfants fermaient le cercle formé par l'errante famille autour d'une marmite de fer où chacun puisait tour à tour, avec une longue fourchette d'étain, des tronçons de viande noire, dont le parfum épicé s'exhalait jusqu'à nous. Quand leur repas fut terminé, le frère et la sœur se levèrent les premiers; ils firent claquer leur langue en mesure comme un bruit de castagnettes, et leurs pieds légers, sautillant sur le gazon, semblèrent préluder à une danse. Mais tout à coup ils nous regardèrent, et, comme si notre présence les avait intimidés, ils allèrent se rasseoir auprès de leur mère.

Comprenant leur hésitation, je me levai, je marchai vers la famille, et, m'adressant à la mère en patois languedocien, je lui dis que nous aurions un grand plaisir à voir danser ses enfants. — Je le crois bien, me répondit-elle en fixant sur moi un regard vif et plein d'orgueil, surtout s'ils vous régalaient de la danse qu'ils ont dansée hier devant des anglais! — Et pourquoi ne le feraient-ils pas, lui dis-je? — Ah! c'est que cela coûte cher, dit le vieillard, trahissant la rapacité de sa tribu. Je jetai quelques pièces de monnaie sur la jupe de la mère, elle parut satisfaite. — Allons, Zimbo et Minolitta, dit-elle à ses enfants, montez sur l'arche et dansez votre ronde. — Il nous faut une écharpe, répliqua la jeune fille. Je détachai de mon cou une écharpe de voyage en soie rouge, et je la présentai à la petite Bohémienne. Elle la prit par un bout, son frère par l'autre, et, recommençant à faire claquer leur langue en mesure, ils s'élancèrent en dansant vers l'aquéduc romain. — Prends ton instrument, et suis-les, dit la mère à son mari. Le père se leva, secoua son long bonnet, et alla chercher dans un grand sac de cuivre un vieux tambour de basque, puis il marcha sur les traces de ses enfants, mais d'un pas moins rapide. Qu'allaient-ils faire? Nous les suivions du regard avec curiosité. Le frère et la sœur gravirent comme de jeunes chevreuils jusqu'au second rang d'arcades de l'aquéduc romain, tantôt se frayant une route à travers les pierres brisées; tantôt se suspendant aux arbustes qui croissent entre leurs joints. Quand ils furent parvenus sous l'arceau aérien qui forme le milieu de l'édifice, ils s'arrêtèrent et se posèrent gracieusement en agitant leur écharpe dans l'air. Leur père les rejoignit bientôt ; il s'assit sous l'arceau voisin, et préluda quelques accords sur son tambour de basque. A ce son, les deux petits Bohémiens se levèrent sur la pointe des pieds, leur langue et les doigs de leur main gauche claquèrent à l'unisson, tandis que de leur main droite ils faisaient flotter au-dessus de leur tête l'écharpe écarlate. Les paillettes de la jupe bleue de la jeune fille, les galons de cuivre du pantalon pourpre de son frère, scintillaient au soleil ; le bleu vif du ciel formait le fond de ce tableau ; l'arche suspendue du pont romain lui servait de cadre, et, à deux cents pieds du sol, ces rejetons hardis d'une race avantureuse exécutaient, entre deux précipices, sur une dalle large de quatre à cinq pieds, une danse rapide et tournoyante qui à chaque instant pouvait leur donner le vertige et les lancer dans l'abîme. Vu à distance, ce spectacle était vraiment effrayant, car l'étroit terrain où les jeunes Bohémiens dansaient avec tant de souplesse et de grâce ne paraissait guère plus large à l'œil qu'une corde tendue. Aux mouvements pressés du tambour, les pas des danseurs devinrent durant un instant si vifs, si véloces, qu'enivrés par la danse ils paraissaient oublier tout danger, et dansaient là comme dans une vaste prairie. Tout à coup la jeune fille, après quelques tours de valse rapide, se suspendant d'une main à l'écharpe que soutenait son frère, détacha de l'autre quelques fleurs posées dans ses cheveux, elle les jeta du côté où nous étions assis et secoua la tête comme pour nous saluer; en cet instant, tout son corps dépassait les bords de l'arche de pierre. Je laissai échapper un cri, et je fermai les yeux.

— Quoi! ne craignez-vous rien pour vos

enfants? dis-je à la mère en lui saisissant le bras.

— Rien, reprit-elle froidement, je connais leur sort : ils ne mourront pas d'une chute!

— Et qui vous a si bien instruite? répliquai-je.

— J'ai lu là-haut et dans leur main, dit-elle avec autorité.

La danse était finie; le père et les enfants revenaient vers nous. La Bohémienne continuait : — Je puis lire aussi dans la vôtre, et vous dire votre destinée. Elle voulut s'emparer de ma main; je souris. — Vous êtes incrédule, reprit-elle; eh! bien, essayons.

— Non, lui dis-je d'un ton plus sérieux; je ne crois pas que personne puisse dérober à Dieu la connaissance de l'avenir; mais en fût-il autrement, hélas! ma chère femme, l'avenir ne nous garde pas assez de bonheur pour que je sois tentée de le connaître; il est un proverbe triste et vrai : *Chaque jour porte sa peine !* Eh! si tous les jours de notre vie nous étaient à l'avance connus, aurions-nous jamais la force d'en supporter le fardeau? La Bohémienne m'écoutait attentivement; je poursuivis : — Si, à quatorze ans, au lieu des riantes illusions qui nous attirent à la vie, nous étions tout à coup frappées du tableau des souffrances, des déceptions, des douleurs morales et physiques qui sont le lot de la femme ici-bas, pauvre mère, je vous le demande, aurions-nous la force de vivre, de nous dévouer et de nous résigner enfin? La Bohémienne parut réfléchir; mais, après une minute de silence, elle posa sur le gazon son nourrisson endormi, fit deux ou trois bonds et me dit gaîment : — Je n'aime pas à penser, ça m'attriste : imitez-moi, j'aurais pu tout de même vous prédire un beau sort, ça vous aurait donné courage. — Merci, lui répondis-je tristement, ma destinée est faite; puis je lui dis adieu, non sans envier un peu cette sauvage indépendance, cette insouciance de la pauvreté et de la vie errante.

En ce moment le soleil penchait vers l'occident et jetait ses reflets de pourpre à travers le triple rang d'arcades du pont du Gard; on eût dit un pont infernal suspendu sur un fleuve de feu. Je saluai une dernière fois ce merveilleux monument que tant de générations ont salué, et, m'arrachant malgré moi à cet imposant spectacle, je remontai en voiture et repris la route de Nîmes.

A la lueur d'un pur crépuscule, nous vîmes, après deux heures de course rapide, apparaître à l'horizon, vers l'ouest, la belle tour romaine, la *Tour Magne*, qui de nos jours encore peut être appelée un phare, puisqu'elle annonce la cité au voyageur qui s'approche. J'avais habité Nîmes durant plusieurs années en étant jeune fille ; j'y avais encore des parents et des amis, mais moins tendres, moins aimés que ceux que j'avais perdus ; j'éprouvai une sensation triste, mêlée pourtant de quelque douceur, en entrant dans ces murs. Mon Dieu, que de changements quelques années amènent, et combien aussi de révolutions cachées se font dans l'âme ! La mort prend vite ceux qui nous sont chers ; le temps métamorphose ou détruit à jamais nos plus riantes illusions ! N'ayant plus une mère, plus une sœur, dont la maison aurait été la mienne, je voulus, en arrivant à Nîmes, descendre à l'hôtel et m'établir un peu en étrangère dans cette ville dont j'avais été autrefois l'enfant d'adoption ; mais, dès le lendemain, des parents éloignés, des amis empressés, vinrent à moi et m'entourèrent de tant de cordialité, que la glace qui s'était formée sur mon cœur se fondit aussitôt. Rien ne ranime une âme accablée comme le contact des esprits et des cœurs méridionaux : l'élan, le feu, le sentiment sont en eux; ils ont toute la chaleur du beau ciel qui les anime; les hommes du Midi pensent moins que ceux du Nord, mais ils sentent bien davantage. Ne trouvez-vous pas, madame, qu'en décrivant une ville intéressante, souvent on parle beaucoup trop de ses monuments et pas assez des hommes distingués qui l'habitent? Ainsi tout le monde sait le nombre d'édifices romains que Nîmes possède encore, on connaît leur conservation, leur beauté, leur grandeur, on a plus ou moins décrit leur architecture et compté leurs pierres. Mais la ville n'a pas seulement des monuments, elle a aussi des intelligences qu'il faut mentionner; je vous entends me répondre : — Nous connaissons tous le poète boulanger, Jean Reboul, de Nîmes. Ce poète inspiré n'est pas le seul esprit remarquable de son pays : l'astre a de brillants satellites, et d'abord, près de lui, comme poète, on doit nommer M. Jules Canonge; bien jeune encore, il a déjà publié deux recueils de poésies que Paris a remarqués. Dans le dernier se trouve une ode à Beethoven, pleine de grandes et touchantes pensées; la strophe qui la termine est vraiment belle :

Tu connus cet effroi de soi-même, ces doutes
Qui nous font hésiter dans nos brillantes routes ;
Mais lorsque tu brisas les entraves du corps,
Au pied de l'Éternel ta grande âme montée
D'un noble et saint orgueil fut soudain transportée
En entendant vibrer les célestes accords ;
Car elle y reconnut des chants dont, sur la terre,
Elle seule avait su pressentir le mystère ;
Et quand de ton bonheur l'hymne ardent éclata,
Le plus harmonieux, le plus brillant des anges,

Commanda le silence aux divines louanges,
Et, se penchant vers toi, l'Éternel t'écouta.

Dans les arts, Nîmes compte aussi plusieurs fils dont elle est fière. Sigalon, le grand peintre Nîmois, qui a fait connaître à la France le jugement dernier de Michel-Ange [1], Sigalon n'est plus, mais son jeune élève, M. Numa Beaucoiran, qui l'aidait à Rome dans ses grands travaux, et qui après sa mort en a terminé plusieurs, continue aujourd'hui à Nîmes l'école de son maître. Comme représentant de la sculpture, on doit citer M. Colin, le frère du peintre, et comme un des archéologues les plus consciencieux de la France, M. Auguste Pelet. Allez au musée des Petit-Augustins, aujourd'hui le palais des Beaux-Arts, vous y verrez, madame, les ouvrages de ce patient et ingénieux ar-

[1] Voir au palais des Beaux-Arts.

tiste. Il a retrouvé par de savantes études tous les mystères de construction des édifices antiques, et il a reproduit en liége l'effigie exacte, pierre par pierre, de tous les monuments romains du midi; ce que M. Pelet a déjà fait pour la France, il le fait aujourd'hui pour l'Italie, il le fera un jour pour la Grèce.

Nîmes aime la musique comme toutes les villes du midi : cette ville a donné le jour à des musiciens distingués ; il en est un dont vous devinez le nom, madame, et que je ne dois point nommer. On cultive surtout à Nîmes la musique vocale : souvent, par une belle soirée, des ouvriers, après le travail de la journée, se réunissent et chantent dans les rues ou sur les places publiques quelque grand chœur de Rossini ou de Meyerbeer; ces voix fermes et sonores manquent parfois de méthode, mais jamais d'harmonie, et l'âme est pénétrée par ces accords improvisés et puissants. Nîmes possède aujourd'hui une école de chant; elle est dirigée par M. Grimaldi, professeur intelligent qui forme de bons élèves. Nous avons entendu chez lui deux enfants, une basse et un ténor, qui remplaceront peut-être un jour Levasseur et Duprez à l'Opéra.

Émule de Litz et de Talberg, M. Im-Thurn, à qui M. Jules Canonge a dédié ses vers sur Beethoven est aussi une des illustrations de Nîmes. Beethoven, c'est le dieu musical de M. Im-Thurn; il a chez lui un admirable portrait du grand maître allemand; amateur ardent, il donne à l'interprétation de ses œuvres tout son temps, tous ses rêves; jaloux de la gloire du sublime artiste, il ne souffre pas qu'on lui compare une gloire nouvelle. Ce culte intelligent et passionné vous émeut et vous gagne; on aime, dans notre siècle d'égoïstes passions, à trouver encore dans quelques âmes d'enthoutiastes sympathies.

Dans les lettres, Nîmes compte encore M. de Lafarelle, député, auteur d'un ouvrage d'économie sociale couronné par l'Académie française, et M. Roux-Ferrand, qui a publié plusieurs travaux historiques. Dans les sciences, M. Wals, astronome qui a souvent transmis aux savants de Paris d'intéressantes découvertes ; son parent, directeur des écoles primaires, esprit sérieux et fin à la fois. En médecine, et vous savez, madame, que je suis presque athée en médecine, Nîmes possède un jeune docteur, M. Hippolyte Alric qui sera un jour sa gloire ; aujourd'hui encore peu connu, il n'est apprécié que par les classes ouvrières auxquelles il se dévoue ; mais, après ce noviciat de charité si favorable à une science où le cœur et l'intelligence doivent s'unir, cet esprit du premier ordre parviendra à la renommée à laquelle il a droit. L'éloquence du barreau de Nîmes est représentée à la Chambre par M. Béchard, député. Comme causeurs spirituels, on cite dans la magistrature M. de Lablanque, M. Salel et M. Gaston de Labeaume.

Toutes ces personnes et beaucoup d'autres, aussitôt qu'elles furent instruites de notre arrivée, nous entourèrent d'un cercle aimable et empressé qui nous faisait moins regretter notre cercle de Paris. On émet souvent la prétention vraiment arbitraire que l'esprit est centralisé à Paris. En France, l'esprit est partout, ainsi que l'a dit Voltaire.

Et maintenant, madame, entourées de ces hommes remarquables qui tous aiment Nîmes comme une mère et la montrent avec orgueil aux étrangers, voulez-vous que nous visitions les promenades, les monuments et les ruines de cette ville célèbre? Ma première excursion fut à *La Fontaine;* sous le bras du poète Reboul, je revis, par une belle journée de septembre, ce jardin de fée, souvenir enivrant de mes jeunes années. Les jardins des Tuileries et du Luxembourg ne donnent qu'une idée imparfaite de cette promenade enchantée. La Fontaine de Nîmes rappelle plutôt le jardin de Versailles en miniature; comme à Versailles, les eaux, encaissées dans de larges canaux de pierre entourés d'élégants balustres, divisent les parterres de fleurs, les massifs d'arbres, les bosquets où se cachent les statues. Mieux qu'à Versailles, la source qui jaillit de terre court et circule. Là sont encore des débris de bains romains et les belles ruines du temple de Diane.

Nous voici sur un des plus larges boulevards de Nîmes; nous marchons vers l'ouest, une belle allée d'arbres nous abrite, c'est l'allée qui conduit à *La Fontaine*; à gauche, nous longeons un grand canal où, en hiver, les eaux jaillissent en cascades; à droite, une ligne de belles maisons ou plutôt d'opulentes villas aux grandes portes en noyer ciré, aux fenêtres coquettes et riantes; toutes ces demeures ont au nord un délicieux jardin. Nous avançons: le canal fait un coude et s'arrondit pour fermer l'enceinte du terrain circulaire du jardin; nous touchons à la grille d'entrée, grille aérienne qui ne cache rien et à travers laquelle les fleurs, les arbres et les eaux charment déjà nos regards. Parcourons d'abord au midi ces trois larges allées de marroniers centenaires dont le dôme d'un vert sombre est impénétrable aux rayons perçants du soleil. Revenons ensuite sur nos pas: au nord, un mont verdoyant tout couvert de pins et d'arbustes domine la promenade et la complète; après le vallon, nous avons la colline ; la colline dont le sommet orgueilleux se couronne de l'immense ruine de la *Tour Magne* : ce monument, comme le pont du Gard, est merveilleusement situé ; à distance, sa base semble reposer sur la robe verte du mont, tandis que les constructions supérieures se détachent sur l'azur éclatant du ciel. Que sont les magnificences du jardin de Versailles auprès d'une pareille ruine ! Après avoir admiré Nîmes, de ces hauteurs nous descendîmes les allées en losanges qui sillonnent le mont et nous trouvâmes à l'ouest les merveilleux débris du temple de Diane. Ici, laissons parler le poète qui en ce moment était mon cicerone :

C'est le temple croulant de la triple déesse,
Dans un bosquet riant étalant ses douleurs,
Et qui s'offre couvert d'une ombre enchanteresse,
   Comme un front ridé sous des fleurs.

Ruines où le soir vient rêver le poète,
Débris qui sert d'asile à de moindres débris [1],
Comme un prince exilé donne encor la retraite
    A de misérables proscrits.

Diane, poursuivant son nocturne voyage,
Semble y chercher encor, d'un rayon désolé,
Sur son autel fendu par le figuier sauvage,
    Un encens qui s'est envolé.

Je répétai au poète Reboul ces beaux vers adressés par lui à M. de Lamartine, ces vers qui désormais sont liés à l'image de ces ruines.

Vous avez vu, madame, plusieurs dessins de la *Maison carrée*; il n'est pas, en Italie, un monument antique d'une plus admirable conservation : pas une pierre, pas une canne-

[1] L'enceinte du temple de Diane est une espèce de musée où l'on a rassemblé des torses de statues, des tronçons de colonnes, des fragments de chapiteaux, etc.

lure, pas une feuille d'acanthe, ne manquent à ces belles colonnes d'ordre corinthien; les murs, le fronton et les frises sont intacts, et ce merveilleux petit temple, après avoir traversé dix-huit siècles, s'offre aux regards charmés aussi jeune, aussi complet que s'il était sorti hier des mains de l'architecte; la toiture seule est moderne. Un large espace, pavé en dalles de marbre et entouré d'une grille, protége ce bijou d'architecture. Dans ce terrain réservé, on a laissé à découvert les débris des bases des colonnes qui formaient une galerie autour du temple; çà et là gisent épars sur le sol de magnifiques chapiteaux, et quelques autels où les prêtres païens offraient le sacrifice. M. Auguste Pelet nous décrivait dans tous ses détails le monument primitif, reproduit par lui avec tant de fidélité dans son modèle en liége. L'intérieur de la Maison carrée sert aujourd'hui de Musée : on y remarque quelques bons tableaux.

Nous avons passé deux semaines à Nîmes et nous avons revu presque tous les jours et sous tous les aspects ce chef-d'œuvre de l'art antique. Par un éclatant soleil, la *Maison carrée* étale, orgueilleuse, ses colonnes aux pierres dorées, dont les tons chauds ont tous les reflets du bronze florentin ; au soleil couchant, ces teintes se fondent pour ainsi dire et deviennent plus transparentes ; le monument se voile et gagne en grâce ce qu'il perd de sa fierté ; au clair de lune enfin, le temple revêt une forme religieuse, il semble plus vaste, sa colonnade se double et se prolonge dans l'obcurité : on dirait que de blanches ombres flottent sous ce merveilleux portique et glissent sous la porte fermée. On voudrait, pour que l'admiration ne pût être troublée par quelque bruit ou quelque image vulgaire, que ce rare monument fût situé, comme le pont du Gard ou la *Tour Magne*, dans quelque calme solitude; on souffre pour lui du voisinage du théâtre de Nîmes et de ses bruyants faubourgs qui, aux jours d'émeute, vomissent dans la ville deux factions rivales qui s'entredéchirent. On s'effraie à la pensée que la pierre d'une fronde pourrait atteindre une de ces pures feuilles d'acanthe, que les siècles ont respectées.

La Maison carrée enchante, l'Arène de Nîmes frappe et impose. C'est, en France comme en Italie, le monument antique le mieux conservé. Le Colysée de Rome est bien plus vaste, mais on sait qu'une partie est en ruine. L'Arène de Nîmes est entière extérieurement; à l'intérieur quelques gradins manquent, quelques arceaux sont écroulés, mais l'aspect général est encore fort régulier. Comme la Maison carrée, l'Arène s'élève au sein de la ville; mais, une fois qu'on y a pénétré, on trouve la solitude dans cette vaste et haute enceinte.

Nous y allâmes un jour après une pluie d'orage; un grand nombre de gradins étaient encore mouillés et brunis par l'ondée, tandis que d'autres, exposés au soleil, avaient des reflets d'or et d'azur : ces diverses teintes donnaient au monument un aspect animé. Les rares arbustes qui croissent parmi les pierres éboulées étaient tout verdoyants; quelques oiseaux se perchaient gaîment sur leurs cimes. Franchissant de gradin en gradin, nous parvînmes jusqu'au faîte du monument et nous en fîmes le tour. Vue de ces hauteurs, la ville s'aplatissait à nos pieds; ses maisons, ses monuments, n'étaient plus que des nains. La prison de Nîmes était seule parallèle à l'amphithéâtre, et ses fenêtres étroites dominaient même les gradins les plus élevés. Nous nous arrêtâmes un instant vis-à-vis de ce lieu de misères ; quelques têtes pâles nous apparurent à travers les barreaux. Les jours de fêtes publiques, lorsque l'Arène se remplit de monde, lorsque quelque hardi tauréador lutte à outrance contre les indomptables taureaux de la Camargue [1] et en triomphe, sanglant, aux acclamations du peuple, on permet aux prisonniers de se suspendre aux étroites fenêtres, et de prendre aussi leur part du spectacle. Nous descendîmes jusqu'aux gradins inférieurs, et, à demi couchés sur une large dalle, nous contemplâmes longtemps l'ensemble de l'édifice : le ciel était sur nos têtes d'une ravissante pureté, çà et là quelques nuages blancs se mouvaient comme des flocons de neige sur ce bleu de saphir. Ce dôme naturel, d'une incomparable beau-

[1] Ile du Rhône, voisine d'Arles, peuplée de chevaux et de taureaux sauvages.

té, ne nous faisait pas regretter l'immense toile qu'autrefois les Romains étendaient durant les jeux sur toute la circonférence de l'amphithéâtre. Rappelés aux souvenirs de l'antiquité, un instant nous ranimâmes autour de nous un de ces grands et terribles spectacles si chers au peuple romain : M. Jules Canonge me récitait quelques descriptions des poètes latins et les traduisait à mon ignorance; M. Alric rappelait quelques fragments des historiens; l'arène se repeuplait à leur parole; les sénateurs, les hauts dignitaires, les vestales, les matrones, les licteurs, le peuple, affluaient dans les hautes galeries et inondaient les gradins : tout à coup la grille d'une porte basse s'ouvrait, les gladiateurs paraissaient, et, se tournant vers le proconsul, ils saluaient par trois fois; puis les bêtes rugissantes, tigres, panthères ou lions, s'élançaient dans le cirque, et le combat entre hommes et animaux commençait. Les femmes romaines applaudissaient quand les gladiateurs tombaient avec grâce. — Ne nous récrions pas trop sur la cruauté du monde antique, dis-je à ces messieurs, du gladiateur au tauréador il n'y a qu'un pas ; de certains taureaux sauvages aux lions et aux panthères la différence est peu de chose ; et quant à votre bon peuple nîmois, je crois que si le parti protestant, et réciproquement le parti catholique, pouvaient voir immoler un de leurs antagonistes, ils en seraient tout aussi friands que le peuple romain du supplice des martyrs. En fils dévoués à leur cité, ces messieurs nièrent la vérité de mon assertion ; mais peu de jours après le peuple nîmois se chargea de me donner raison.

On jouait au théâtre de Nîmes *la Favorite* ; je voulus revoir cet opéra de Donizetti, qui

renferme quelques mélodies vraiment belles.
M. Wals nous conduisit dans sa loge. On
disait autour de nous que la soirée serait
orageuse; le peuple voulait faire justice
d'un sujet de la troupe qui n'était plus à
sa convenance; le parterre était plein de
figures menaçantes. On laissa pourtant
jouer le premier acte assez tranquillement.
Mais, au second acte, à peine la prima donna
parut-elle, qu'elle fut accueillie d'un concert discordant de sifflets et de vociférations :
cette femme était belle, et l'on nous a assuré qu'elle possédait une voix remarquable.
Elle tenta d'abord de tenir tête à l'orage, et
essaya de chanter un premier air; mais alors
la rage du parterre n'eut plus de bornes, le
peuple souverain s'imagina que la cantatrice
voulait le braver, et, prêt à se ruer sur elle,
il lui lança au visage tous les projectiles de
la fruiterie, des oranges, des poires, des

pommes de terre, des noix, des tronçons de choux et de salade, accompagnés des plus basses injures; la malheureuse victime recula épouvantée au fond de la scène. En voyant cette femme jeune, belle intelligence peut-être, ainsi livrée, sous sa brillante parure, à la risée et aux outrages de la populace, nous regrettions pour elle un simple et honnête métier : mieux eût valu pour cette femme faire toute sa vie de la couture dans quelque mansarde que de se voir ainsi foulée aux pieds par ce même public qui, hier peut-être, l'applaudissait. Rien ne put calmer l'exaspération populaire; en vain le directeur vint-il annoncer pompeusement, après les trois saluts d'usage : *Que de cette soirée dépendait à la fois son avenir et celui du grand théâtre de Nîmes* ; on lui imposa silence, et il fut accueilli comme la chanteuse par des coups de sifflet; en vain le commissaire de police, revêtu de son écharpe, fit-il à plusieurs reprises un signe pacificateur et demanda la parole, on ne voulut point l'entendre, on menaça d'envahir la scène, on demanda à grands cris le renvoi de la cantatrice et la fin du spectacle. L'autorité céda. Je vous le demande, madame, entre l'assassinat moral de cette femme et les supplices du cirque la différence est-elle si grande ? S'il fallait choisir, je crois que je me déciderais pour le sort des victimes antiques.

Pendant cette horrible scène, qui dura plus d'une heure, pour échapper à ces cris frénétiques nous nous étions réfugiés dans le foyer du théâtre, dont le balcon s'ouvre sur la belle place où s'élève la *Maison carrée*. La nuit était resplendissante d'étoiles ; la voie lactée s'étendait comme un réseau de pierreries au front du monument antique ;

l'art et la nature se mariaient sous nos yeux dans une sereine et imposante harmonie, mais, à l'entour de ce magnifique spectacle, l'homme troublait de ses rumeurs grossières ces heures de poétique contemplation.

Vous pensez bien qu'après une pareille scène je ne fus pas tentée de retourner au spectacle durant mon séjour à Nîmes; je préférai, entourée de mes amis, donner mes soirées à la causerie et à la promenade. Souvent nous nous réunissions sur une grande place entourée d'arbres et au milieu de laquelle jaillit une fontaine; cette promenade, appelée l'*Esplanade*, s'élève dans le voisinage des arènes, quelques pieds au-dessus du boulevard où est situé le palais-de-justice. Là, par les chaudes soirées de septembre, on respire toujours un air frais; vis-à-vis l'Esplanade, un brillant café, le café Pelloux, réunit chaque soir l'élite des promeneurs. Le propriétaire de cet établissement est un artiste, et on le devine à la décoration de ses élégants salons qui l'emportent, selon moi, sur ceux de notre célèbre Tortoni. Au lieu de tentures d'étoffes et de papiers peints, les gravures les plus rares et les plus célèbres ornent les parois de ces charmantes salles ; on prend là des sorbets et des fruits glacés comme on n'en prend qu'en Italie. Presque tous les soirs nous savourions ces exquis rafraîchissements ; puis nous allions achever la soirée, soit chez moi, soit chez M. Im-Thurn qui nous faisait entendre quelque grave mélodie de Beethoven, soit chez M. Reboul qui possède une charmante maisonnette dans le voisinage des arènes ; au rez-de-chaussée est la boulangerie, au premier étage le cabinet du poëte, où l'on trouve réunis les ouvrages et les portraits de nos écrivains les plus célèbres, envoyés par eux au barde-boulanger comme à un frère bien-aimé. Aux étages supérieurs sont les greniers à farine; enfin, au faîte de la maison, un autre cabinet de travail qui s'ouvre sur une petite terrasse d'où l'on touche presque aux arènes. C'est là que, durant une lumineuse soirée, le poète nous a récité des fragments de la belle épître qu'il vient d'adresser à M. de Chateaubriand.

Quand je rentrais après ces journées si doucement remplies, souvent je ne trouvais pas que l'heure du repos fût encore arrivée pour moi; je ne voulais rien perdre de ce temps d'heureuse liberté que je passais loin de Paris, je sentais que les jours de peine et de douleur reviendraient, je voulais jouir pleinement de cette halte au milieu de ma vie.

Sur la toiture de l'hôtel où nous logions, était une grande terrasse, peu poétique au premier aspect; elle servait à étendre le linge et avait pour voisinage une grande cage à poules, entourée d'un treillis; mais, à onze heures du soir, quand le linge avait été enlevé, quand les volatiles dormaient, rien ne m'était plus doux que de passer là une heure de rêverie; la ville reposait à mes pieds, entourée de la ceinture brillante de ses boulevards éclairés au gaz. Dans les parties les plus obscures, je distinguais la forme de quelque grand monument à la claire lueur des étoiles; puis je détournais mes regards de la terre et ils s'attachaient avec extase vers le ciel. Rien n'est enivrant pour l'âme comme ces nuits sereines du Midi où brillent des milliers de constellations. Les étoiles du Nord sont ternes et petites; celles des pays chauds, détachées sur la pureté de l'éther, s'élargissent à l'œil et brillent comme des escarboucles. Que de fois dans mon enfance j'étais restée ainsi à méditer durant ces nuits éblouissantes! Que de rêves perdus j'avais fait en face de ces mêmes astres qui brillaient de nouveau sur mon front! Le souvenir de ces sensations intérieures me rajeunissait; quinze ans de ma vie semblaient s'être effacés; j'étais libre, heureuse, pleine d'espérance et d'illusions; je sentais comme autrefois glisser sur mon front le souffle de la muse; j'entendais encore retentir à mon oreille les promesses de l'avenir. Un soir, cette sensation fut si vive, que le sommeil qui la suivit ne put parvenir à l'effacer; le lendemain, je sentis qu'à défaut de la réalité il me fallait retrouver l'image de cette jeunesse regrettée; j'éprouvais un invincible besoin de revoir les lieux où elle s'était écoulée, et je partis pour le village de Mouriès, voisin du château de Servanne, l'ancien château de mon père.

Nous franchîmes en vingt-cinq minutes, par le chemin de fer, la distance qui sépare Nîmes de Beaucaire. Aucun pays n'est plus triste que Beaucaire en l'absence de la foire; cet ancien caravansérail de l'Europe devient en temps ordinaire un bourg désert et sans ressources, où je ne pus pas même trouver le plus modeste véhicule pour me transporter à travers champs au village de Mouriès. Je traversai le Rhône sur le pont si plein d'élégance et de hardiesse qui unit Beaucaire à Tarascon. De ce pont, la vue des deux villes est une des plus belles qu'on puisse avoir. Du côté de Beaucaire, de vastes pelouses entourées de grands arbres descendent jusqu'au rivage; c'est là que se tient la foire; au-dessus de ces masses de verdure, de hauts rochers nus élèvent jusqu'au ciel une charmante chapelle gothique, les ruines d'un château fort et les débris de fortifications. Du côté de Tarascon, se dresse le donjon à tours carrées bâti par le roi René; il ne manque pas une pierre à ces vieux murs battus par le Rhône depuis quatre siècles. Sur la même rive s'étendent d'immenses saulées du plus gracieux effet. Le soleil penchait au couchant lorsque j'arrivai à Tarascon, et ce ne fut qu'après une heure de recherches que je parvins à me procurer une pauvre carriole, assez semblable au hideux *coucou* parisien; je montai dans la cahotante voiture avec ma fille et la jeune paysanne provençale qui lui donnait des soins, et, à la lueur du crépuscule, nous prîmes enfin la route de traverse qui devait nous conduire à Mouriès.

A un quart de lieue de Tarascon, je retrouvai à gauche une ravissante petite chapelle gothique; sa porte en ogive, soutenue par deux colonnes torses d'ordre composite, est surmontée d'une rosace à jour, seule ouverture par laquelle la lumière pénètre dans l'étroite nef. Ce petit monument, parfaitement conservé, s'élève à mi-côte d'une colline couverte d'oliviers et au haut de laquelle on voit encore les tours brisées d'un ancien château. Que de fois je m'étais arrêtée avec ma mère en face de ces ruines! que de fois nous avions prié ensemble dans la petite chapelle dédiée à l'ange Gabriel ! elle fut construite par le bon roi René. A chaque pas, on rencontre, en Provence, des monuments fondés par ce roi protecteur des arts, littérateur, peintre et musicien. Son héroïque fille, Marguerite d'Anjou, lui reprocha souvent ses goûts pacifiques ; mais les générations reconnaissantes ont absous la mémoire du bon roi. Que reste-t-il des guerres d'Yorck et de Lancastre? rien que des souvenirs sanglants, tandis que les campagnes du midi sont encore toutes peuplées des fondations utiles du père de la belliqueuse Marguerite.

Après quatre heures de marche à travers les plus horribles chemins éclairés seulement par la clarté douteuse de la lune, nous arrivâmes enfin au village de Mouriès ; une croix de fer noir, élevée sur une base de pierre blanche, me fit reconnaître à l'instant des sentiers bien chers et souvent fréquentés. A cette heure tout dormait, tout était silencieux ; à peine quelques aboiements craintifs saluèrent-ils notre équipage lorsqu'il traversa la place de l'église. Il n'était pas neuf heures, et déjà toute cette tranquille population était plongée dans le sommeil ; sans doute j'allais troubler celui de mes hôtes ; j'étais attendue, mais déjà depuis plusieurs jours, chez madame Boussot, excellente femme, veuve d'un maire de Mouriès, toujours aimé, toujours regretté. A la mort de ma mère, j'avais trouvé dans cette famille une affectueuse protection : maintenant je venais ranimer auprès de la bonne dame mes souvenirs, mes douleurs, je venais donner quelques jours à ce culte du passé dont une âme tendre ne se détache jamais. Notre arrivée éveilla toute la ferme : madame Boussot quitta son lit et me reçut dans ses bras, elle m'y tint longtemps pressée ainsi que ma fille. Nous causâmes et pleurâmes ensemble jusqu'à une heure du matin. Joies tristes du retour, vous éclatez toujours par des larmes ! Nous ne nous étions pas vues depuis huit ans ! que de tristesse ! que de deuil ! que de vide ! Mon enfant seule était là comme une espérance auprès de toutes ces tombes !

Je voulus savoir en quelles mains était tombé l'ancien château de mon père ; la mort avait pris toute ma famille, et l'on m'apprit que ces biens si chers avaient été vendus à un Belge, à un industriel sans entrailles et sans intelligence. Détesté dans le pays, cet homme avait pris en haine la mémoire de mon père et de ma mère, que la reconnaissance des pauvres se plaisait à opposer à son avarice et à sa dureté ; j'appris que j'étais moi-même, sans m'en douter, un sujet d'irritation pour ce singulier personnage. Les poésies où j'ai célébré Servanne, mes souvenirs d'enfance et les vertus de ma mère ont souvent attiré au nouveau propriétaire des visiteurs émus qui lui répétaient mon nom et celui de mes parents bien-aimés. L'orgueil du parvenu s'en irritait ; quoi! toute la richesse du nouveau Gaveston ne pouvait effacer le souvenir des pauvres seigneurs d'Avenel!

Malgré les représentations de mes hôtes, qui me conjurèrent de ne pas affronter l'abord de cet homme étrange, je résolus de visiter dès le lendemain le château de Servanne, de parcourir encore ces allées qu'habitait toujours l'ombre de ma mère, de respirer l'air de ces montagnes qu'elle avait respiré jusqu'à son dernier jour, et enfin, si la porte ne m'en était point fermée, de prier dans la chambre où elle était morte entre mes bras.

Le lendemain, le mistral soufflait avec violence; je quittai la ferme tandis que mes hôtes dormaient encore; seule, retrouvant des sentiers bien connus, je franchis la petite chaîne de montagnes qui cache au village de Mouriès la vue du château de Servanne.

J'allais d'un pas rapide; mais quand je touchai à l'avenue, quand j'aperçus à travers les arbres la tour carrée, voisine de la chambre de ma mère, je m'arrêtai accablée par l'émotion. Quoi ! sous ce même toit où vécurent les êtres que j'avais le plus aimés, habitaient maintenant des étrangers dont je n'avais pas seulement à redouter l'indifférence, mais peut-être un accueil grossier ! Oh ! si du moins un frère, une sœur, avaient hérité du domaine de mon père, leurs cœurs me seraient ouverts, leurs bras me seraient tendus ; après mes années d'exil et de labeur, je reviendrais pleurer avec eux sur le passé, et leur affection m'aurait doucement consolée. Mais qu'attendre du nouveau maître du château ? Tout ce qu'on m'en avait dit m'épouvantait presque, car lorsque l'âme est livrée à certaines sensations tristes et délicates, tout contact qui pourrait la blesser lui fait peur. Je fus prête à revenir sur mes pas. L'image de ces lieux était à jamais gravée dans mon âme : qu'avais-je besoin de les visiter, qu'avais-je besoin de les revoir insultés par la présence d'un être vénal, hostile à tous les nobles instincts de l'esprit et du cœur?

Je vous ai parlé souvent, madame, d'une bonne femme du village de Mouriès, nommée Reine Picard, qui avait été, dans mon enfance, domestique chez ma mère. J'avais reçu de cette femme les plus tendres soins, et depuis que je me suis éloignée du Midi je retrouvais dans ses lettres naïves l'expression d'une tendresse que le temps n'altère pas. L'an passé, je demandais à Reine de me parler de Servanne, de ce château désert que j'allais revoir aujourd'hui après tant d'années d'absence. Reine me répondit alors par un billet touchant, on dirait le français primitif de Montaigne. « Ma chère dame, me disait-elle, » depuis votre départ, je n'avais pu mettre le » pied à Servanne. Cependant, cette année-» ci j'ai fait les vers à soie, et j'ai été obli-

» gée d'aller cueillir la feuille à Servanne. Me
» trouvant un jour toute seule à cueillir la
» feuille d'un mûrier de la cour, vis-à-vis la
» cuisine du château, une tendresse me sur-
» monta ; ne pouvant retenir mes larmes, je
» pleurai sans pouvoir me consoler ; je regar-
» dais de tous côtés ; je ne voyais ni maître,
» ni maîtresse ; enfin, l'on voit aujourd'hui
» Servanne comme un désert.

» Mouriès, le 21 juin 1841, REINE PI-
» CARD. »

Ne trouvez-vous pas, madame, que rien n'est plus touchant que cette expression de vieux serviteur : « *Je ne voyais ni maître ni* » *maîtresse.* » Pour lui, comme pour le nègre fidèle, ceux qu'il a servis et qui ne sont plus sont toujours le *maître* et la *maîtresse*. J'avais répondu à Reine par des vers qui me revinrent alors en mémoire, et je les répétais, tristement assise sur cette hauteur d'où je voyais apparaître à travers les arbres l'ancien toit de famille. Permettez-moi de transcrire ici cette poésie d'intime émotion.

A CELLE QUI M'A SOIGNÉE ENFANT.

Ces seuls mots de ta lettre, âme naïve et tendre,
Sont toute une élégie, et mon cœur sait l'entendre.
Oh ! oui, tu dus pleurer en revoyant désert
Ce château maternel, jadis toujours ouvert
Aux humbles visiteurs, aux pauvres du village ;
Oh ! oui, tu dus pleurer en revoyant l'image
De ma mère adorée errant autour de toi,
Caressant tes enfants, puis se penchant vers moi,
Et m'envoyant chercher l'offrande réservée
A ta jeune famille. Ainsi qu'à la couvée
Du passereau des champs Dieu veille avec amour,
Elle veilla sur toi jusqu'à son dernier jour.
Oh ! oui, tu dus pleurer, toi dont l'âme est si bonne,
Lorsque, dans ce château que le deuil environne,

Des doux bruits d'autrefois tu n'entendis plus rien,
Ni les cris des enfants, ni la voix du vieux chien;
Oh! oui, tu dus pleurer quand dans les sombres salles
Ton regard vit passer les deux fantômes pâles
De tes vieux maîtres morts disant, les yeux baissés :
« Où sont les six enfants que nous avons laissés? »
Et quand, des jours présents si remplis de tristesse,
Tu revins aux tableaux que le passé nous laisse,
Aux souvenirs riants qui se mêlent au deuil,
Ainsi qu'on voit des fleurs aux pierres d'un cercueil;
Tu dus penser encore à ta jeunesse heureuse,
Quand tu vins au château, villageoise rieuse,
T'offrir pour prendre soin de l'enfant dernier né
Qu'à son heureux époux ma mère avait donné.
Oh! comme tout riait alors dans la demeure
Si déserte, si triste et si sombre à cette heure!
Comme tout prospérait pour ces époux bénis
Qui voyaient autour d'eux six enfants réunis!
O doux temps où, le soir, au banquet de famille
J'assistais sur ton sein toute petite fille,
Où le frère et la sœur tour à tour m'arrachaient
A tes bras, et vers moi souriants se penchaient!

O doux temps où, cédant à l'amour d'une mère,
Nos cœurs se pardonnaient une parole amère,
Où la haine d'un jour était sans lendemain,
Où nous marchions unis dans le même chemin !
O doux passé détruit où mon âme se plonge,
Hélas ! tu n'es donc plus que l'image d'un songe !
Où sont-ils, où sont-ils, tous ces êtres chéris ?
Ils ont longtemps souffert, puis la mort les a pris ;
Deux fils dans le cercueil ont suivi leur vieux père ;
Moi j'aspire à la tombe où repose ma mère ;
Les autres ?... de leur cœur Dieu seul a vu le fond.
Je souffre et je les plains pour le mal qu'ils me font.
Insensés ! au fardeau de la misère humaine,
Pour le rendre plus lourd, ils ajoutent la haine,
Et vainement pour eux le deuil succède au deuil :
Rien ne touche leur cœur plein d'un stérile orgueil !...

Tu le vois, ces seuls mots de ta lettre fidèle
Ont rouvert dans mon âme une plaie éternelle ;
Car ce château désert que tu m'as rappelé,
C'est le bonheur perdu pour l'enfant exilé.
Mais dans ces lieux si chers, hélas ! qu'irais-je faire ?
Ceux qui les habitaient sont dans une autre sphère ;

Tous les cœurs qu'ici-bas j'avais le plus aimés
Sont glacés par la mort ou bien me sont fermés.
Si j'allais demander au vallon de Servannes,
Comme l'Américain demande à ses savanes,
Un air tiède, un ciel pur, un soleil éclatant,
Et la fraîcheur des eaux pour mon front haletant ;
Si, recueillant mon âme avant que je succombe,
Je voulais de ma mère aller revoir la tombe,
Ceux qui gardent la haine en face d'un cercueil
Du château paternel m'interdiraient le seuil ;
Dans cette vaste cour, que le grand orme abrite,
On me verrait errer comme une ombre maudite ;
Et moi, moi de ma mère et l'orgueil et l'espoir,
Au foyer des aïeux je ne pourrais m'asseoir !....

Mais je t'entends me dire, avec ta voix de mère :
« A défaut du château n'as-tu pas la chaumière ?
N'as-tu pas notre toit, humble asile où, du moins,
Chacun t'entourera de tendresse et de soins ?
Oh ! viens, viens parmi nous, puisqu'ils t'ont méconnue ;
Nos cœurs simples et bons fêteront ta venue ;
Le respect et l'amour à ta mère accordés
Comme un doux héritage ici te sont gardés ;

Viens, le village entier n'est-il pas ta famille?
Ne t'ai-je pas bercée en t'appelant ma fille?
Lorsque pour toi je prie, en m'adressant au ciel,
Ce nom échappe encore à mon cœur maternel;
Oh! viens le recevoir dans ma pauvre demeure;
Il faut que je te voie avant que je ne meure :
Si la tombe et la haine ont brisé tes liens,
Mon cœur te reste encore; il te rappelle; oh! viens! »

Ce désir de ton âme est aussi dans la mienne;
Oui, nous nous reverrons, femme tendre et chrétienne,
Humble cœur qui comprends, par l'amour et la foi,
Tous les grands sentiments dont l'instinct est en toi.
Oui, nous nous reverrons, et nous irons encore,
Du sommet des rochers, quand le soleil les dore,
Contempler à nos pieds ce vieux château fermé
A l'enfant que sa mère avait le plus aimé.

Tandis que je récitais tout bas ces vers, un homme en blouse, conduisant une charrette, passa près de moi dans l'avenue; je crus reconnaître un ancien fermier : cet homme s'avança; je ne m'étais point trompée.

— André ! m'écriai-je.

— Madame ! dit-il à son tour en me tendant sa main calleuse et en retenant avec peine de grosses larmes qui roulaient dans ses yeux, que Dieu vous bénisse, madame, je suis bien heureux de vous revoir !

L'émotion étouffait aussi ma voix ; cet homme m'avait vue tout enfant.

— André, lui dis-je après quelques minutes de silence et de larmes, pensez-vous qu'on me laissera visiter le château ?

Il hocha la tête en signe de doute.

— Mais, du moins, croyez-vous que je pourrai parcourir librement les jardins et les promenades ?

— Oh ! vous empêcher de respirer l'air qui vous a nourrie, cela serait par trop fort ; ils ne l'oseront pas !

— Le nouveau propriétaire n'habite-t-il pas seul le château ?

— Il y est avec sa sœur.

— Tant mieux ; une femme a toujours du cœur.

— Celle-là, madame, c'est l'âme damnée de son frère ; ce qu'il dit, elle le répète ; le mal qu'il fait, elle l'imite.

— Pauvre et faible nature ! murmurai-je ; enfin, à la grâce de Dieu ! je poursuivrai ma route. Adieu, André !

— Adieu, madame ; et que le ciel vous accompagne !

J'arrivais en ce moment à une magnifique avenue de platanes, dont le sol gazonné avait été foulé pendant plus d'un demi-siècle par les pas de ma mère ; deux allées parallèles, une de hauts cyprès, servant à abriter du vent une terre voisine, et une autre de beaux cerisiers, faisaient de cette avenue une sorte de bosquet ; à droite, s'élevaient les murs du vaste jardin ; en face, l'immense pièce d'eau, où, tout enfant, je guidais de mes mains agiles un charmant bateau en forme de cygne. Que d'heures de rêveries j'avais passées, mollement balancée sur les flots clairs de ce bassin voilé par de grands arbres! Le bateau avait disparu, et le bassin limpide avait été transformé en lavoir par le Belge industriel.

J'entrai dans le jardin; oh! mon Dieu! qu'étaient devenues les plates-bandes aimées par ma mère, les œillets, les primevères, les belles-de-nuit, dont le parfum la charmaient; et ce kiosque en treillis couverts de roses grimpantes dans l'angle du jardin? Ce n'était plus aujourd'hui que des filaments desséchés! Partout, les hautes herbes croissaient en place des fleurs; et ces belles bordures de buis, autrefois taillées en dessins réguliers, imitation naïve des ifs de Versailles, comment les reconnaître? Leurs pousses irrégulières et échevelées jonchent maintenant les sentiers et se confondent aux grandes herbes. Partout l'absence de la direction d'une intelligente châtelaine se fait sentir; les carrés réservés aux légumes étaient seuls cultivés avec quelque soin : les salades et les choux se vendent dans ces contrées; les plus belles fleurs n'y ont aucun prix.

L'esprit du maître se trahissait dans la culture de son jardin.

Vous souvenez-vous, madame, de cet admirable page de René, lorsqu'après plusieurs années d'absence il revoit le château de ses pères, silencieux, abandonné et devenu aussi la propriété d'un étranger? Tous les douloureux sentiments que M. de Chateaubriand prête à son héros, je les éprouvais en ce jour; mais qui pourra jamais les rendre avec des expressions égales à celles de ce puissant génie? J'eus, de plus que René, une puissante douleur ; lui, retrouvait du moins désert le toit vénéré, il put y pleurer en liberté. Moi, je revoyais le château paternel habité par un étranger hostile et insolent. Le rapprochement que je fais ici me frappa douloureusement, lorsqu'en sortant de ce jardin désolé je vis venir à moi un homme d'une haute stature. Sans l'avoir jamais vu, je reconnus le nouveau maître du château ; ses traits avaient une expression d'arrogance hautaine.

— Madame, me dit-il brusquement sans aucun préambule, de quel droit vous promenez-vous dans ma propriété sans que je vous l'aie permis ?

Je vis que j'avais affaire à un esprit grossier, qui n'avait pas même le vernis d'une bonne éducation, et je résolus de le prendre en raillerie, sans répondre précisément à son interpellation.

— Ne trouvez-vous pas, monsieur, lui dis-je, que la matinée est charmante, que l'air pur des champs vivifie, et que l'on ressent une sorte de bien-être à le respirer?

— Mais, madame, vous pouvez vous passer cette fantaisie tout autre part que dans ma *propriété*, répéta-t-il en appuyant sur chaque lettre de ce dernier mot.

En échangeant ces paroles, nous étions arrivés dans une allée qui est une route communale, où les voitures et les piétons ont le droit de passer.

— Ne suis-je pas ici dans le domaine public? dis-je au Belge, que mon sang-froid exaspérait de plus en plus; ce chemin n'appartient-il pas à tout le monde?

— Ce chemin, reprit-il (et je transcris textuellement, je vous jure), est pour les charrettes, et vous n'êtes pas une charrette, madame.

A ces mots, qui trahissaient une espèce d'idiotisme, je laissai échapper un léger éclat de rire, et, reportant sur moi-même un regard de satisfaction vaniteuse :

— Mais, lui dis-je, je ne crois pas avoir la tournure d'une charrette.

Puis, contrariée de la manière bouffonne dont tournait cette explication, je le saluai d'un air railleur, et je m'élançai à travers champs. Il ne put m'atteindre, et, grâce à ma course rapide, je fus débarrassée pour quelques instants de son irritante compagnie. Je parcourus toutes les promenades qu'avait aimées ma mère. Je m'assis sur les bancs où elle s'était assise. Je revis la grande source à couvert, qui prend naissance dans une vaste prairie entourée de trembles argentés. Je montai sur l'aqueduc qui porte les eaux de cette source limpide jusque dans la cour du château. Cet aqueduc, bordé de chaque côté par de beaux arbres fruitiers, est une promenade charmante ; je la parcourais lentement, et chaque pas me ramenait aux souvenirs doux et tristes que j'étais venue évoquer en ces lieux. L'image de mon père et de ma mère flottait autour de moi, je ne pensais plus au nouveau propriétaire ; j'arrivai au bout de l'aquéduc, dont les eaux se jettent bruyamment dans une élégante fontaine soutenue par deux lions antiques. Cette fontaine est placée dans la cour du château qu'ombragent de beaux arbres ; fatiguée par ma course précipitée, je puisais l'eau jaillissante dans mes mains et je m'en désaltérais, quand tout à coup j'entendis au-dessus de moi le bruit d'une fenêtre qui s'ouvrait ; je tournai mes regards dans cette direction, c'était la fenêtre de la chambre de ma mère ; son ombre bien-aimée allait-elle m'apparaître ? Hélas ! je vis à la place de ses traits touchants la figure froide de l'étrangère qui me regardait avec curiosité; une jeune fille de douze à quatorze ans était près d'elle.

— Madame, lui dis-je en tournant vers elle mon visage baigné de larmes, au nom de cette enfant qui est sans doute la vôtre, laissez-moi revoir une dernière fois la chambre de ma mère.

— C'est impossible, dit-elle d'un ton glacial, et elle referma brusquement la fenêtre.

Oh! qu'une pareille action vous porte malheur! m'écriai-je, soyez punie dans votre enfant du mal que vous me faites! Et éperdue je m'élançai vers la porte du château avec l'intention d'en forcer l'entrée. Je me heurtai sur le seuil, au corps raide et droit du grand Belge, qui me dit de son air niais et insolent :

— Vous n'entrerez pas, madame, je ne

me soucie point qu'un jour vous publiiez quelque pièce de vers là-dessus.

Rendue à moi-même par la stupidité de cet homme, je lui jetai un regard de mépris, et après avoir salué mentalement cette demeure profanée, je m'en allai triste et grave, pensant que le grand Shakspeare avait raison et que les scènes les plus déchirantes de la vie ont toujours leur côté bouffon. Quand je fus seule, mes pensées de deuil reprirent leur cours, j'allais franchir l'enceinte de rochers, mais, avant de perdre à jamais de vue ce vieux domaine de ma famille, je voulus l'apercevoir une dernière fois : je montais sur ces hauteurs, le château, les promenades, les eaux et les jardins m'apparurent à la fois ; je repeuplais ces lieux des êtres adorés qui n'étaient plus, et je pleurais silencieusement en pensant à eux. Je fus arrachée à ma contemplation par le doux bruit des clochettes d'un troupeau de moutons, qui s'avançait guidé par un jeune berger, à figure intelligente et douce. Cet homme s'arrêta près de moi et me regarda quelques instants avec curiosité, puis tout à coup il me dit avec une sorte d'émotion :

— N'est-ce pas vous qui étiez mademoiselle Louise ?

— Et comment me connaissez-vous ? répondis-je.

— Ah! c'est qu'avec la bonne dame qui était votre mère, vous m'avez donné plus d'un pain et plus d'un sou quand je demandais l'aumône; cela ne s'oublie pas, voyez-vous.

— Et le maître actuel est-il aimé? lui dis-je.

— Lui! oh! le misérable! Si vous saviez ce qu'il m'a fait il y a huit jours.

— Voyons, contez-moi cela.

— Il faut vous dire, ma bonne dame, que je suis un berger indépendant, que ce petit troupeau m'appartient; le coteau où nous sommes maintenant est un terrain communal, où tout le monde a le droit de venir; souvent je porte un fusil, en gardant mon troupeau. Il y a huit jours, j'étais ici, à cette même place; un lièvre passe, je le tire, je le tue, mais malheureusement il va tomber au pied du coteau, juste à la lisière des terres de ce grand coquin de Belge. Il était là, madame, à compter ses olives, et quand je voulus ramasser mon lièvre : — Cette bête est à moi, me dit-il, tu l'as tuée sur mes terres. Il savait bien le contraire; il me parla longtemps pour me prouver qu'il avait raison; cela m'exaspérait.

— Je n'ai pas une belle langue, lui dis-je en relevant mes manches de chemise, je ne puis pas lutter de paroles avec vous,

mais voyons, de cette manière (et je faisais jouer mes poings), qui emportera le lièvre de vous ou de moi. Le grand Belge recula, puis il me dit d'un air méprisant :
— Tu n'es qu'un berger, est-ce que je puis me battre avec un berger ? En attendant, il avait battu en retraite, et j'avais le lièvre.

Je ne pus m'empêcher de rire du récit du jeune pâtre ; puis, faisant un retour sur moi-même : — Mon ami, lui dis-je, si tu avais été une femme il t'aurait fallu céder, ou ce misérable t'aurait maltraité.

Tout en écoutant le jeune pâtre, j'avais marché lentement, à la suite de son troupeau, sur la crête de la montagne ; nous cheminions vers l'est ; bientôt, par une pente insensible, nous arrivâmes sur une grande route qui forme de ce côté là limite des terres du château de Servanne. Là, nous

nous séparâmes; lui prit la route du village, moi je me dirigeai, à travers champs, vers un petit bâtiment dont les murs blancs m'apparaissaient derrière les rameaux d'une allée d'amandiers. J'allais encore chercher dans ce lieu des impressions de deuil, mais du moins rien ici ne devait en troubler la tristesse et le recueillement. Cette blanche *bastide*, abritée par les arbres et bâtie au bord d'un *gaudre* (nom qu'on donne aux torrents dans ce pays), avait été la propriété de mon plus jeune frère. Hélas! un an plus tôt il serait accouru vers moi sous sa verte avenue d'amandiers; ses bras se seraient ouverts pour me recevoir; mais aujourd'hui il n'était plus, il reposait auprès de notre mère. Flore, tel est le nom de cette pittoresque retraite, qu'il avait tant aimée, parut me sourire tristement lorsque je m'approchai. Ici le seuil ne me fut pas interdit comme au château de Servanne; une honnête fermière vint à moi et me fit entrer avec empressement. — Tout est encore comme de son vivant; voyez, me dit-elle, en m'introduisant dans le modeste salon de la maisonnette. En effet, je trouvai là un herbier complet réuni par mon pauvre frère. Des milliers de plantes, rangées par ordre et étiquetées, reposaient dans leurs cases de carton. Quelques livres de botanique étaient épars sur une étagère; au-dessus d'une petite console, débris du mobilier du château de Servanne, était suspendu un tableau de famille. Du salon, je pénétrai dans la chambre de celui que je pleurais; là ses traces étaient plus présentes encore. Je retrouvai son nécessaire de toilette sur une commode dont les tiroirs renfermaient encore ses vêtements; sa grande pipe était encore remplie de tabac; son fusil de chasse encore chargé; ses pantoufles gisaient au pied de son lit.

Vaincu par l'émotion, je m'assis dans son grand fauteuil, je cachai ma tête dans mes mains; il me semblait qu'il allait m'apparaître, me parler comme autrefois, ranimer avec moi nos souvenirs d'enfance. Ne pouvant soutenir une aussi douloureuse sensation, je quittai cette chambre trop pleine de son image, je m'élançai au dehors; mais partout je le retrouvai à chaque pas. L'attrayante et douce passion de sa vie avait été la botanique. Il avait tenté d'élever dans son jardin une grande partie des plantes réunies dans son herbier. Quelques belles fleurs semées par lui lui avaient survécu; elles souriaient au milieu des plates-bandes mortes et désolées. Le petit jardin, dessiné à l'anglaise, avait pour limites le torrent. Des ronces et des vignes sauvages suspen-

daient sur son lit un réseau de verdure; au
delà du torrent, s'échelonnait sur un coteau
un verger d'oliviers et de figuiers. Je parcourus les sentiers couverts de hautes herbes
de ce petit enclos encore tout parfumé des
senteurs des roses d'avril; quelques plantes
rares, à demi protégées par des cloches de
verre brisées, résistaient encore çà et là à
l'intempérie des saisons. Je cueillis un beau
cactus pourpre et quelques touffes de roses
blanches. Je songeai qu'il m'aurait offert
ses fleurs et ses fruits s'il avait vécu; je
pressai entre mes lèvres une grappe de raisin de ses pampres. Au bout du jardin,
s'élevaient deux acacias tout fleuris qui
formaient un joli bosquet; j'y trouvai encore le pliant sur lequel mon frère s'asseyait.
En cet endroit, le torrent décrit un étroit
bassin où la fermière de Flore lave son
linge; je passai là plusieurs heures à rêver

dans cette calme solitude qu'il avait tant aimée ; puis, reprenant ma course à travers champs, je regagnai le village ; mais, avant d'y rentrer, il me restait une solennelle et dernière visite à faire. Je me fis ouvrir la porte du cimetière, j'y restai longtemps prosternée sur la tombe de ma mère, et j'appris du fossoyeur qu'à côté de ces restes vénérés reposaient ceux de mon frère. A l'avenir, une pierre tumulaire les recouvrira ; je veux qu'ils soient respectés, je veux en retrouver la trace quand je reviendrai prier ici ; et, quand je ne serai plus moi-même, je veux qu'on puisse m'ensevelir auprès de ma mère adorée et de ce frère si cher. Revenue au village, je racontai à mes hôtes mes impressions de la journée et la scène du château. Le fils de madame Boussot, jeune médecin distingué, arrivait en ce moment d'une promenade dans les environs.

— Il jouit donc de son reste, ce vilain Belge, me dit-il, après avoir entendu mon récit.

— Comment, que voulez-vous dire ?

— Mais une grande nouvelle : le château de Servanne est vendu à lord Kilgour, un riche anglais qui possède pour deux millions de propriétés dans le midi de la France; c'est un admirateur de vos vers, madame, il est fier que vous ayez chanté Servanne, et il veut mettre le château à votre disposition aussitôt qu'il en sera possesseur.

Cette nouvelle me causait un sentiment de satisfaction; enfin, l'ancien château de mon père allait passer dans des mains intelligentes.

— L'acte de vente est dressé continua M. Bousso , il sera signé avant trois jours.

Le soir, à la veillée, nous parlâmes longuement de lord Kilgour; on me raconta plusieurs traits de sa bienfaisance, qui me prouvèrent que c'était à la fois un homme de cœur et un homme d'esprit; tout ce que je voulais de lui, c'était qu'il me laissât habiter pendant quelques jours mon château bien-aimé et pleurer en silence dans la chambre de ma mère.

Mais, trois jours après, madame, le jour même où l'acte de vente du château de Servanne devait être signé, nous apprîmes tout à coup une triste nouvelle ; lord Kilgour était mort subitement pour avoir pris imprudemment un remède violent qu'un empirique lui avait ordonné contre la fièvre d'accès.

Jeune, riche, bienfaisant, il fut pleuré dans toute la contrée, et je donnai aussi un regret sincère à cet homme généreux qui m'aurait ouvert le seuil paternel désormais fermé pour moi.

Adieu, madame, je quitte demain le village de Mouriès, qu'ai-je encore à faire ici? Je n'ai pu que pleurer sur les tombes de ma mère et de mon frère, je pars pour Arles où un excellent parent m'attend. Votre pensée me suivra partout, partout je vous souhaiterai les joies et le bonheur que je n'ai pas.

P. S. Je vous adresse, madame, une copie d'une pièce de vers dédiée à Béranger : je l'ai écrite au village de Mouriès durant mes heures de solitude.

A BÉRANGER.

I

Lorsque, pour réveiller les âmes assoupies,
Les penseurs vont créant de grandes utopies,
Notre siècle en travail à Paris leur répond :
Il n'est pas un esprit généreux et profond

Qui ne trouve d'écho dans cette ville immense
Où l'idée a versé sa féconde semence.
Ici tout est compris, ici le peuple entend
La voix des précurseurs, et, comme eux, il attend
Un avenir meilleur ; il sent ses destinées
S'accomplir dans l'obstacle et grandir enchaînées ;
Patient, il n'a plus de soudaine fureur,
Il s'instruit et se forme à renverser l'erreur.

De ce peuple en voyant l'intelligence active,
Ceux qui l'ont éclairé pensent que l'heure arrive,
Qu'au rêve doit enfin succéder l'action.
Ils se trompent, Paris n'est pas la nation :
Sitôt qu'on est sorti de ce centre de vie
On ne rencontre plus qu'une foule asservie
Aux intérêts grossiers ; ses plus âpres travaux
N'ont pas de but moral ; les systèmes nouveaux
Épouvantent ces cœurs soumis à la routine
Et que n'éclaire plus l'étincelle divine.

Toi, poète du peuple et son fier défenseur,
De notre Liberté toi dont la Muse est sœur,
Béranger ! toi qui sais de ce peuple qui t'aime
Deviner les instincts, les vœux, l'avenir même ;

Oh ! laisse à ton esprit mon esprit s'éclairer,
Écoute, et suis mes pas qui pourraient s'égarer.

J'allais loin de Paris, l'âme remplie encore
De l'espoir généreux de l'idéale aurore
Que pour le peuple un jour on verra se lever ;
J'allais rêvant ces temps que l'on aime à rêver,
Et, le regard ému, cherchant partout le germe
Du sublime avenir que la France renferme.
Les splendeurs des cités, les monuments romains,
Ruines du passé qui parent nos chemins,
N'attiraient pas mon cœur ; le passé, tombe immense,
Ne pouvait m'éclairer sur l'ère qui commence.
Partout j'interrogeais la génération
Dans le peuple ; et d'abord l'ouvrier de Lyon,
Créature épuisée, être chétif et blême,
Se présentait à moi comme un sombre problème :
Dans la ruelle étroite et haute où jamais l'air
Ne pénètre l'été, ni le soleil l'hiver,
L'ouvrier naît, travaille et meurt dans l'indigence,
Sans que le pâle éclair de son intelligence
Lui montre qu'il a droit à des destins meilleurs.
Ce n'est que par le corps qu'il ressent les douleurs ;

A force de souffrir, son âme abâtardie
Se fondant à la chair y demeure engourdie ;
Pourvu qu'il ait chez lui du pain pour aliment,
Un lit pour reposer, un humble vêtement,
On ne désire rien dans sa pauvre famille,
Ni savoir pour le fils, ni beauté pour la fille.
Ce qui charme le cœur, l'élève, l'ennoblit,
Est un livre étranger où jamais il ne lit ;
Ne pas mourir de faim, avoir le nécessaire,
Combattre pied à pied la hideuse misère,
En triompher parfois, oh ! c'est tant de bonheur,
Qu'aspirer au delà semble impie à son cœur.
Aussi quand tout à coup dans la ville brumeuse
Se lève un jour d'hiver l'émeute furieuse,
Pour cri de ralliment on n'entend que ces mots :
« *Du travail et du pain!* » Mais les instincts plus hauts,
La dignité de l'homme et son indépendance,
Aliment nécessaire à tout être qui pense,
L'ouvrier révolté n'y fait jamais appel ;
O pauvre paria, déshérité du ciel,
Qui donc, te relevant de la terre où tu broutes,
Des peuples affranchis t'enseignera les routes ?

Et mon cœur se serrait ; et du haut de ce mont,
Qui se baigne à la Saône une chapelle au front,
Je voyais à mes pieds la ville humide et noire
De ses calamités me dérouler l'histoire.
Implacables fléaux, dans ces sombres réduits
Les fleuves débordés hier se sont introduits ;
Aujourd'hui la misère est là toujours pressante,
Elle excite au labeur la ville gémissante,
Torture l'ouvrier, et le condamne enfin
A mourir lentement de travail ou de faim.

Quand la nécessité plie et brise ces âmes,
Comment leur demander de généreuses flammes ?
Esclave du besoin, quand la chair dépérit,
Quel espoir aurait-on d'émanciper l'esprit ?
Cherchons ailleurs ; Lyon n'est pas toute la France ;
Partons, éloignons-nous de ce lieu de souffrance,
Où l'œil du voyageur ne saurait s'arrêter
Sans qu'un peuple expirant vienne l'épouvanter.

II

La rapide vapeur sur le Rhône m'entraîne
Aux champs de la Provence où la nature est reine,

Où le ciel bienfaisant semble, sous ses rayons,
De la pauvreté même embellir les haillons ;
Là, la terre pour tous se sème et se moissonne ;
La vie est pour le peuple insouciante et bonne,
La chaleur, la lumière, ont pour lui des douceurs ;
Il recueille le fruit de faciles labeurs,
Et, sans trop de fatigue, enfin il peut connaître,
Au déclin de ses ans, le charme du bien-être.
Mais cet heureux climat où l'olivier fleurit
Développe le corps sans élever l'esprit ;
Le vœu du travailleur qui cultive la terre
Ne va pas au delà d'être propriétaire ;
Avoir pour sa famille et lui sa part du sol,
De son ambition c'est là le plus haut vol.
Du désir d'acquérir incessamment nourrie,
Son âme ne sent point l'amour de la patrie ;
Les intérêts de tous cèdent devant le sien,
Il n'a pas les vertus qui font le citoyen !
Fils de la grande armée, à peine s'il tressaille
Quand nous sommes vainqueurs sur un champ de bataille !
Mais de la dignité de l'homme et de ses droits
Rien ne pénètre encor dans ces cerveaux étroits !

Le gain, la seule ardeur qui toujours les anime,
Dérobe à leur regard tout horizon sublime ;
D'un vulgaire égoïsme ils ont les passions
Ils n'ont pas ce qui fait les grandes nations.
Aussi, quoique doués d'une bonté native
L'élan manque à leur vie aride et positive ;
L'ardente charité, ce lien généreux
Unissant l'homme à l'homme, est ignoré par eux ;
Ils donnent, mais jamais une tendre parole,
Un mot profond du cœur qui touche et qui console,
N'accompagne leurs dons ; ils donnent par devoir
Et c'est ainsi qu'ils ont la foi, sans concevoir
Ni la grandeur de Dieu, ni sa bonté suprême.
Au prêtre ils sont croyants beaucoup plus qu'à Dieu même
Du culte extérieur ils observent la loi
Mais l'idéal divin est absent de leur foi.
Dans ces cœurs enchaînés à l'inerte matière
Qui donc fera jamais descendre la lumière ?

III

Par le calme des champs ce peuple est endormi,
Les hommes isolés ne sentent qu'à demi,

Il leur faut la cité. Sur cette même rive,
Marseille, caches-tu dans ton enceinte active
Un peuple qui, semblable aux vagues de la mer,
Heureux sous ton beau ciel s'agite libre et fier?
Comprend-il l'avenir qui sera sa conquête?
Sent-il, intelligent, fermenter dans sa tête
Tous ces nobles instincts, tous ces généreux cris
Que répandent au loin ses frères de Paris?
Non, ce peuple qui plaît par sa rude franchise,
Liberté te repousse, et ne t'a pas comprise;
Son intérêt grossier par ton règne blessé
Lui fait aveuglément regretter le passé;
Il voudrait à l'exil redemander des maîtres
Rois par le droit divin et rois par leurs ancêtres,
Et quand le monde entier pressent la Liberté,
Pour culte il garde encor la légitimité!

IV

Peut-être nous faut-il des passions rivales
Pour raviver en nous les croyances morales?
Peut-être par la paix les esprits amollis
Se retrempent au choc des plus ardents conflits?

Nîmes, dans ton enceinte où le sang fume encore,
Un de ces deux partis que la haine dévore
Peut-être cache-t-il l'esprit de vérité
Pour lequel en tous temps combat l'humanité?
Non! c'est l'étroit esprit de Rome ou de Genève
Qui les a désunis et les arme du glaive;
Entre eux et l'Évangile il n'est plus de liens;
Papistes, protestants, ils ne sont pas chrétiens.
L'aveuglement les pousse à la guerre civile,
Ils s'égorgent encor dans les murs d'une ville;
Le monde marche en vain et leur dit de s'unir,
Pour eux leur vieille haine est toujours l'avenir!

V

O maître, qu'espérer! Ici, c'est la misère
Qui tient encor le peuple écrasé sous sa serre;
Là, dans son ignorance, à sa chaîne obstiné,
Il combat les destins pour lesquels il est né;
Ces hommes animés de passions contraires,
Comment les réunir, comment les rendre frères?
Et de tant de débris de superstition
Comment constituer la grande nation?

Tandis que je parlais, je voyais dans la tête
Du choc de tes pensers s'agiter la tempête,
Et lorsque quelques mots lumineux t'échappaient,
Comme venus d'en haut, poète, ils me frappaient.
Tu m'as dit : « Tous ces maux ont de vieilles racines,
» D'un monde qui n'est plus nous portons les ruines,
» Notre âge où la raison verse un souffle divin
» Des siècles corrompus conserve le levain.
» Ce peuple dont l'aspect attriste et décourage
» Des fers garda l'empreinte en sortant d'esclavage;
» Par ses maîtres longtemps à servir façonné,
» Libre, il redoute encor ceux qui l'ont enchaîné;
» Oubliant que lui seul est la force vivante,
» L'ombre des pouvoirs morts l'abuse et l'épouvante ;
» A ces débris croulants il tremble de toucher,
» Et sans lisière encore il n'ose pas marcher.

» La faute en est à ceux qui font ses destinées :
» Nous voyons, remontant le courant des années,
» Au passé tout pouvoir essayer de s'unir,
» Méconnaître son siècle et craindre l'avenir.
» Et comme cependant nulle force n'enchaîne
» L'essor libre et hardi de la pensée humaine,

» Pour rendre à tout progrès le peuple indifférent,
» On corrompt les instincts, on le laisse ignorant;
» Lui dérobant les biens qui changeraient son être,
» Dans le lucre on l'enseigne à chercher le bien-être.
» Toute route est fermée au pauvre intelligent,
» Pour conduire aux grandeurs il n'est qu'un Dieu : l'argent !
» Il faudrait désormais des plus hautes carrières
» Aplanir le chemin, répandre les lumières,
» Avant qu'il soit commis mettre un obstacle au mal,
» A tout être égaré rendre le sens moral;
» Lorsque parmi le peuple un grand cœur se révèle,
» Lui faire aimer la France et l'élever pour elle,
» Et dans tous ces esprits que l'égoïsme abat
» Tuer l'amour de soi par l'amour de l'état;
» Il faudrait...»

Mais ma voix traduit mal ta pensée,
D'un langage vivant c'est l'image effacée;
Toi qu'adore le peuple et qu'il sait écouter,
Dans nos jours douloureux pourquoi ne plus chanter ?
Ces grandes vérités promises à la terre
Puisque tu les pressens, tu ne dois pas les taire;

Tous ces cœurs désunis, tous ces esprits divers,
Tu peux les rallier au charme de tes vers;
Et si de notre siècle enfin tu désespères,
Pense aux temps à venir comme l'ont fait nos pères.
La vie est si rapide et le trépas si prompt,
Poète, il faut chanter pour ceux qui nous suivront.

LES
NONNES DE SAINT-CÉSAIRE.

A M. DE PONGERVILLE,

DE L'ACADÉMIE FRANÇAISE.

A bord du bateau à vapeur *le Papin*, allant d'Arles à Marseille, 25 septembre 1842.

Il est neuf heures du matin : l'atmosphère est sereine, le soleil resplendissant ; le ciel bleu teint de son azur les eaux limpides du Rhône ; le pont du bateau à vapeur qui nous entraîne est couvert de monde ; les voyageurs, debout ou assis sur des pliants, s'établissent pour une traversée de sept à huit heures ; les hommes lisent ou dessinent ; les femmes travaillent à quelque ouvrage de broderie ou surveillent leurs enfants, qui s'ébattent à l'air vivifiant du fleuve. Une table est au milieu du pont, elle soutient mon pupitre de voyage, et c'est là que je vous écris, monsieur. Le mouvement du bateau est si doux, quoique rapide; que je puis sans fatigue vous tracer bien des pages avant que nous touchions à l'embouchure du Rhône; alors l'approche de la mer se fera sentir, le tangage et le roulis nous balanceront un peu rudement; le mal de mer, ce mal fatal auquel personne ne peut se flatter d'échapper, nous contraindra peut-être à chercher le repos et la solitude des casines. En attendant, goûtons le charme de cette splendide matinée, jouissons de la douceur des heures présentes. Arles, avec ses clochers et ses tours, va disparaître à mes regards; je veux, par le souvenir, retourner avec vous dans cette ville romaine, tout empreinte de glorieux vestiges. Par vos études, par vos goûts, vous tenez au monde latin, monsieur, et vous aimeriez, j'en suis sûre, cette vieille cité encore toute peuplée de grands monuments de l'antiquité. Vous qui nous avez si bien traduit Virgile et Lucrèce, vous vous plairiez à explorer ces ruines somptueuses, ces débris de statues, restes éclatants de la splendeur romaine. La sculpture et la statuaire sont aussi une poésie.

Je suis arrivée à Arles du côté de l'Est, en traversant une vaste plaine assez uniforme, submergée çà et là par de grands marais dont les exhalaisons malsaines ont répandu cette année dans la ville la contagion de la fièvre d'accès. Arles est bâti sur un plateau d'un plan plus élevé que la plaine qui l'entoure. En approchant de la ville au nord, dans la campagne, on découvre sur un coteau les belles ruines de l'abbaye de Mont-Major ; la tour bâtie au quatorzième siècle, l'église plus ancienne encore et la façade de ce somptueux couvent de bénédictins se groupent merveilleusement sur ces hauteurs et découpent leur silhouette sur le bleu vif du ciel. Mais poursuivons notre route; voici Arles avec son élégante ceinture de remparts crénelés, flanqués de bastions et de tours, et percés de distance en distance par des portes dont le couronnement est orné d'un blason. Avant d'entrer par la plus grande de ces portes et de pénétrer dans la cité romaine, saluons à gauche, tout près du chemin, le champ funéraire des Aliscamps ; nous explorerons bientôt ces tombeaux, mais, avant de chercher l'image de la mort, cherchons d'abord celle de la vie ; elle se montre à Arles sous sa forme sa plus gracieuse, celle de la beauté, de la beauté la plus parfaite, de la beauté grecque, transmise aux femmes de génération en génération sans s'être altérée.

C'est un dimanche : les hautes allées d'arbres des boulevards, parallèles aux remparts, sont peuplées de belles promeneuses ; le costume pittoresque des Arlésiennes prête un charme de plus à leur beauté ; leur coiffe étroite ceinte de plusieurs tours d'un large ruban de couleur sombre dont la ligne contraste avec la blanche transparence de leur front, leur léger fichu artistement évasé derrière par une épingle et par devant laissant voir le col et voilant à peine la naissance du sein, leur corset noir collant comme un gant sur leur taille fine et cambrée, leur jupe ample flottant en plis gracieux telle qu'une draperie antique, enfin leurs petits pieds rendus plus petits encore par une chaussure brune, tout contribue à faire paraître plus coquette et plus piquante la beauté irrésistible de ces femmes. Vous avez vu au Louvre, monsieur, la Vénus d'Arles, rivale de la Vénus de Médicis et de celle de Milo ; vous avez remarqué ces traits d'une irréprochable correction :

eh! bien, cette Vénus est le type de la beauté arlésienne; mais la beauté vivante a, de plus que le marbre grec, l'animation du sang et de la chair, l'etincelle divine que nul artiste en réalité n'est parvenu à dérober au créateur. Les rues d'Arles, étroites et tortueuses, sont pavées avec des cailloux du Rhône, anguleux et pointus, détestables aux pieds des chevaux et plus encore à ceux des piétons. Il nous fallut plus d'un quart d'heure pour traverser le court espace qui sépare des remparts la maison de mon parent, M. Clair, située au centre de la ville; dans chaque rue, à chaque angle de place, presque à chaque maison de cette vieille cité, quelque débris d'architecture romaine ou gothique m'apparaissait. Enfin nous parvînmes à une charmante petite place; je reconnus là l'élégante habitation de mon cousin. Nous étions arrivés.

M. Clair est, vous le savez, un des avocats les plus distingués de Provence; il est de plus un savant archéologue; il a exploré tous les monuments de la France et de l'Italie, et il a fait sur sa ville natale un livre où revit, dans l'analyse de ses monuments, Arles païenne et Arles chrétienne. Il y a un an, M. Clair accompagnait avec orgueil parmi les ruines de sa cité M. de Chateaubriand, ce génie mélancolique et profond, sympathique à toute puissance tombée, attiré vers les grands débris du passé, en devinant la poésie et la répandant dans ses écrits immortels. Aucun esprit mieux que celui de M. de Chateaubriand n'a dû sentir la beauté et la grandeur de ces ruines.

M. Mérimée, l'ingénieux écrivain, l'habile archéologue, est venu, lui aussi, explorer avec M. Clair cette ville d'Arles, mine inépuisable de souvenirs; peut-être un jour

M. Mérimée fera-t-il pour Arles ce qu'il a fait pour la Corse dans son admirable roman de *Colomba*. Aujourd'hui, M. Clair était devenu mon hôte et mon cicerone empressé ; ce n'était plus à une célébrité qu'il allait faire les honneurs de sa ville, mais à une obscure parente qu'il avait connue tout enfant. Le soir même de mon arrivée, nous profitâmes d'un beau clair de lune pour visiter les arènes.

L'amphithéâtre d'Arles ressemble, sauf les dimensions, au Colysée de Rome et aux autres amphithéâtres romains ; il est plus vaste et d'une architecture plus élégante que l'arène de Nîmes ; il pouvait contenir plus de vingt-quatre mille spectateurs. Chaque étage de l'édifice est percé de soixante arcades à plein jour. L'ordre dorique décore le rez-de-chaussée, le corinthien règne au premier étage ; la partie culminante était fermée par une corniche d'amortissement, dont il ne reste plus de traces. Construit sous le règne de l'empereur Probus, l'amphithéâtre fut converti en place de guerre dans les huitième et neuvième siècles, lors des invasions du midi de la France par les Sarrazins ; quatre tours, élevées sur les points cardinaux de l'édifice, lui donnèrent l'aspect et l'utilité d'une forteresse.

Mais c'est assez de descriptions architecturales et de souvenirs historiques : poursuivons notre excursion poétique à travers ces grandes ruines, agrandies encore par la clarté voilée de la lune. M. Clair, muni d'une énorme clé, nous ouvre la lourde grille de fer qui enserre les arènes, grille qu'il maudit avec raison, car elle enchaîne ce superbe géant autrefois sans entraves et recevant librement en tous sens l'air et la lumière. Nous voici sous ces élégants arceaux, qui se multiplient, se prolongent, se déroulent et s'élèvent comme les immenses vagues d'un océan de pierres; la lune jette ses reflets veloutés sur leurs croupes arrondies et mousseuses. Nous montons avec précautions aux galeries supérieures; souvent l'escalier et le plancher manquent à la fois à nos pieds, laissant à leur place le vide, qui offre à nos regards d'admirables précipices fuyant d'arcades en arcades, et parfois coupés par des débris de plafond, dont les immenses dalles forment d'une arche à l'autre des espèces de ponts suspendus. Nous nous aventurons sur ces ponts; nous nous élançons d'un arceau à l'autre, et nous parvenons ainsi à faire à peu près le tour des galeries en ruines. Arrivés au faîte de l'édifice, au sommet du dernier rang d'arcades, auxquelles manque l'entablement primitif, nous nous arrêtons, et, appuyés contre le mur de l'une des tours gothiques, nous jouissons du plus magique coup d'œil.

Vu à la clarté vaporeuse de la lune, le cirque paraît entier, les demi-teintes effacent les dégradations des gradins et les brisures des arcades, dont les immenses cercles, surperposés les uns sur les autres, se dessinent sur l'azur étoilé du ciel ; parfois les nuages blancs qui escortent la lune se détachent de son disque et glissent en formes fantastiques sur le fond des arcades ; on dirait les ombres éplorées des victimes du cirque qui errent durant les nuits sereines dans cette enceinte, théâtre de leur supplice. La lune, comme une lampe sépulcrale, est suspendue aux créneaux de la tour du sud, la plus haute des quatre tours gothiques.

Après le Colysée de Rome, aucune arène peut-être n'a été plus ensanglantée de sang humain que l'amphithéâtre d'Arles. C'est là que Constantin, cet empereur appelé grand, et dont le christianisme n'adoucit qu'à moitié la sauvage nature ¹, livra aux bêtes féroces les prisonniers qu'il avait faits aux Francs, désignés sous le nom de Bructères. Le carnage fut horrible, il dura plusieurs jours; les animaux, rassasiés de sang et de victimes, finirent par reculer devant la chair humaine. Peut-être ces guerriers francs, morts dans l'arène, sont-ils nos pères? Peut-être avons-nous encore dans nos veines quelques gouttes de ce sang courageux si férocement répandu?

Émue par ce souvenir historique qui se ranimait là comme une scène vivante, je restai quelques instants perdue dans la contemplation du passé et j'oubliai l'heure présente; j'y fus rappelée par un chant grave et triste, montant vers nous d'un couvent voisin. A cette heure, au milieu de ces

¹ Voir la note à la fin du volume.

ruines peuplées de spectres sanglants, en face de l'image des supplices qui me frappait, ce chant religieux retentissait comme une voix de miséricorde ; on eût dit l'accent plaintif de la victime qui pardonne au bourreau et demande à Dieu de lui pardonner aussi ; comme harmonie, ce chant produisait un effet merveilleux, il retentissait sonore sous les arcades aériennes, et s'y prolongeait répété par la voix des échos.

Quand le chant cessa, je voulus gravir au sommet de la tour aux pieds de laquelle nous étions assis ; M. Clair, en cicerone éclairé, m'en empêcha. — La lune s'est voilée, me dit-il, et vous verriez à peine quelques débris du splendide panorama que nous viendrons admirer demain par un beau soleil. Pour ce soir, contentons-nous du spectacle de l'intérieur du cirque, que rien du dehors ne vienne distraire notre âme de ce grand tableau. Nous quittâmes l'amphithéâtre, mais le lendemain matin, à dix heures, nous foulions encore ces pierres mémorables. L'aspect avait changé au grand jour; le monument était toujours beau, imposant, mais tout-à-fait délabré, comme une belle femme qui, en vieillissant, peut faire illusion aux lumières, mais dont la clarté du soleil trahit toutes les rides. Des quatre tours élevées dans les arènes d'Arles au moyen âge, trois seulement sont encore debout : une est inaccessible, on peut monter dans les deux autres quoique l'accès en soit difficile. Nous gravîmes d'abord l'escalier en ruines de la tour de l'ouest, et, parvenus à l'étage supérieur, nous vîmes se dérouler devant nous le merveilleux tableau que M. Clair nous avait promis la veille : sous la lumière éblouissante d'un beau ciel du midi, Arles, avec ses maisons et ses monuments dorés par le soleil, s'offrait sur le premier plan ; puis c'était le Rhône, avec ses flots rapides et irisés, semblant rouler des étincelles, et séparant comme une barrière lumineuse Arles du grand village de Trinquetaille, autrefois faubourg de la vieille cité, aujourd'hui formant un bourg à part, gardien de l'île de la Camargue, dont la vigoureuse végétation s'étale au couchant en pâturages et en ombrages verts. Au nord, le Rhône accourant vers Arles est sillonné par quelques barques marchandes et par un élégant bateau à vapeur qui passe orgueilleux et rapide au milieu d'elles comme un cygne au milieu d'un troupeau d'oies vulgaires. De ce même côté parallèle au Rhône, la grande route de Tarascon à Arles est bordée de trois allées d'ormes, dont les lignes d'un vert sombre varient à distances les teintes du sol et celles des eaux. Les ruines du couvent de Mont-Major couronnent de la manière la plus pittoresque ce paysage du nord de la ville. Pour mieux découvrir le midi et l'est des alentours d'Arles, montons au sommet de la tour du su ; un escalier en colimaçon, comme celui des tours de *Notre-Dame*, nous conduit à la terrasse parfaitement conservée. Sous nos yeux, presque à portée de notre main, le gracieux clocher de l'église des Cordeliers, aujourd'hui détruite, élève au ciel son aiguille dentelée. Une plaine riante et fertile s'étend au midi ; elle est coupée çà et là par de jolies maisons de campagne abritées sous des bouquets d'arbres, par des saulées, des prairies et d'immenses jardins. Cette plaine est elle-même le jardin d'Arles. A l'est, voici la route par laquelle nous sommes arrivés, l'aqueduc qui la longe, puis le champ funéraire de l'Aliscamp. Des accidents de ruines, de paysage et de lumière, de lointains horizons rapprochés par la transparence de l'air, ajoutent à la beauté et à l'immensité du tableau déployé devant nous. L'éblouissement que cause toujours par un soleil éclatant un vaste espace de ciel et de terre vu des lieux élevés nous saisit et nous force à reporter nos regards dans l'intérieur de l'arène. Chaque ruine voilée, hier soir nous apparaît dans sa nudité; nous découvrons les vestiges des maisons élevées au moyen âge et qui, en s'agglomérant, finirent par former dans le cirque un petit village. Les arènes d'Arles ont de plus que celles de Nîmes une galerie souterraine parfaitement conservée : nous en faisons le tour malgré l'humidité du terrain où nos pieds glissent parfois; quelques chauves-souris, habitantes de ces voûtes, nous effleurent en passant de leurs ailes velues. Nous découvrons de distance en distance de petits caveaux taillés dans le roc, qui servaient de cages aux animaux féroces.

Ces caveaux correspondent aux ouvertures par lesquelles on lâchait les bêtes dans le cirque. Après cette promenade souterraine, le besoin d'air et de lumière nous reprend, et nous sortons des arènes pour visiter une ruine moins grandiose, mais plus intéressante peut-être. Je veux parler du théâtre antique, tout peuplé de débris de beaux marbres et de sculptures précieuses. Ce qui reste de ce superbe édifice, ce que des fouilles récentes nous ont rendu, sont : les premiers rangs de gradins, le plateau de la scène et quelques-unes des voûtes du pourtour. Deux magnifiques colonnes en marbre blanc, d'ordre corinthien, s'élèvent sur le devant de la scène; toujours debout, ces colonnes ont traversé les siècles et bravé la double destruction des hommes et du temps. Au moyen de ces vestiges et des descriptions historiques, reconstruisons ce splendide monument dans sa beauté primitive. Les gradins de marbre, à découvert comme ceux de l'arène, s'élevaient sur un plan semi-circulaire dont les extrémités prolongées en ligne droite dessinaient un fer à cheval ; ce prolongement comprenait la moitié du rayon et formait la profondeur de la scène, qui décrivait un carré long parallèle au fer à cheval. Chaque série de gradins, destinés aux spectateurs de rangs inégaux, étaient coupés d'escaliers nécessaires à la circulation. D'autres escaliers, pratiqués autour de l'édifice, conduisaient à un portique extérieur élevé au-dessus des plus hauts gradins ; ce portique couvert était orné de colonnes et couronné par des statues. Le théâtre ainsi que les arènes n'avaient pas de dôme, mais des voiles étaient disposées et tendues en cas d'orage sur la tête des spectateurs. Redescendons les gradins. L'espace demi-circulaire, laissé libre à leur dernier rang, s'appelait orchestre. C'est là que s'asseyaient, sur des siéges portatifs, les consuls, les sénateurs, les vestales; ils étaient ainsi placés en face de la scène, sur le devant de laquelle s'élevaient de chaque côté trois colonnes pareilles à celles qui sont encore debout ; une façade d'architecture formait le fond du décors; trois portes s'ouvraient sur cette façade ; derrière chacune d'elles était placée une machine triangulaire tournant sur elle-même et dont chaque face représentait une décoration différente, l'une servant aux pièces tragiques, l'autre aux pièces comiques, la troisième aux pièces satiriques ou pastorales. Tous les objets qui sur nos théâtres ne sont figurés que par des peintures, les arbres, les statues, les trépieds, les autels, les urnes, étaient disposés en réalité sur la scène. Derrière la façade qui fermait cette scène se cachaient, comme dans nos coulisses, les loges des acteurs et les salles où se préparait la représentation.

Pour être en harmonie avec l'espace immense de ces théâtres en plein air, les acteurs étaient forcés de grandir les dimensions de la stature humaine. Ils portaient des chaussures élevées, un masque qui grossissait leur tête et dont la double face exprimait à volonté la tristesse ou la joie. De longues manches, de larges vêtements, donnaient à chaque personnage une apparence colossale, nécessaire à des spectacles vus de si loin. Des vases d'airain, placés dans certaines parties de l'édifice, augmentaient, par un moyen d'acoustique, la voix de l'acteur et la répandaient sur toute l'assemblée.

N'est-ce pas, monsieur, que ce devait être un sublime spectacle, lorsque quinze à vingt mille hommes réunis écoutaient dans cette enceinte les vers de Sophocle ou d'Aristophane, de Sénèque ou de Térence ? Si vous aviez exploré ces ruines avec moi, je vous aurais prié, ne fût-ce que pour éveiller ces vieux échos, de me répéter sur cette scène antique quelques vers des tragiques grecs ou latins.

L'image de ces splendeurs de l'antiquité qu'on voudrait ranimer fait éprouver une sorte de *serrement d'esprit*, si je puis m'exprimer ainsi, en songeant que la main des hommes et non la main du temps détruisit ce chef-d'œuvre d'architecture. A la fin du ve siècle, Hilaire, évêque d'Arles, et son diacre Cyrille, ameutèrent un jour la populace, et, au nom de la foi nouvelle, lui ordonnèrent de briser les idoles, les statues des dieux, les monuments païens ; le peuple, entraîné, se précipite vers le théâtre, il renverse et mutile aveuglément les colonnes, les frises, les statues sans prix qui décorent la scène. Armé de haches, il tranche brutalement les têtes et les mains de ces déités calmes et riantes, chefs-d'œuvre de l'art. C'est là que la Vénus d'Arles fut renversée de son piédestal, on lui coupa une partie des bras, on l'ensevelit dans les décombres : mais les décombres l'ont respectée et l'ont rendue presque entière à notre admiration. Par une sorte de miracle, les deux colonnes encore debout échappèrent à la destruction populaire, et le théâtre, couvert par des constructions nouvelles, fut signalé aux siècles par ces deux colonnes, phare du monument détruit. Un couvent de femmes s'éleva sur l'emplacement de la scène ; mais quand 93 arriva, le monastère fut à son tour violemment détruit ; les autels du christianisme tombèrent comme avaient tombé les divinités païennes ; l'église périt ainsi qu'avait péri le théâtre ; une nouvelle couche de ruines s'étendit sur l'ancienne : débris sur débris, poussière sur poussière! Et de nos jours, pour retrouver les traces de l'édifice antique, on a creusé toutes ces ruines, rejeté tous les vestiges des constructions parasites, et découvert en partie le monument primitif. Tous les autres débris de constructions romaines que renferme Arles ne sont rien auprès de cette belle ruine du théâtre.

Cependant on doit un souvenir à la tour découronnée du palais de Constantin, dont la base massive repose encore voisine du Rhône; c'est là tout ce qui reste de cette somptueuse demeure impériale, rivale de celles des empereurs à Rome. C'est dans les premières années du quatrième siècle que Constantin vint à Arles; il fut frappé par l'heureuse situation de cette ville, dont, suivant les historiens, *tout l'univers était tributaire, et où toutes les choses admirées comme magnifiques dans les diverses parties du monde étaient si prodiguées, qu'elles semblaient être des produits de son sol.* Constantin enrichit encore cette ville déjà si magnifique ; il y fit élever plusieurs monuments précieux, lui accorda un grand nombre de priviléges, lui donna son nom et forma un instant le dessein d'en faire le siége de l'empire.

Le palais de Constantin, dont il ne reste aujourd'hui qu'une tour en ruine, avait sa façade principale sur le forum ; la façade de derrière dominait le Rhône et s'ouvrait sur un magnifique pont qui conduisait de l'une à l'autre rive. Rien ne reste au-dessus des flots, de ce pont qui frappa d'admiration l'armée sarrazine, et dont les historiens arabes ont parlé. Mais le lit du fleuve a gardé d'énormes débris de ses fondements, et les bâtiments qui descendent le Rhône évitent avec soin ce parage dangereux. Quand le palais de Constantin élevait jusqu'au ciel ses terrasses ornées de statues, quand le pont, encore debout, était couvert d'une foule de guerriers romains, de sénateurs, d'officiers du palais, de patriciens et de peuple, sur le fleuve, aujourd'hui désert, se pressaient les navires de toutes les nations ; la Grèce, l'Égypte et l'Inde envoyaient à Arles leurs riches produits; les galères de l'empereur, aux voiles de pourpre, aux carènes et aux rames dorées, circulaient en tous sens, et le Rhône orgueilleux était alors le roi des fleuves.

Arles n'est plus aujourd'hui qu'une ville de souvenirs et de deuil. Du palais de Constantin, rendons-nous à la Place-Royale, au milieu de laquelle s'élève un obélisque trouvé couché et à demi enseveli au milieu du cirque; relevé pendant le règne de Louis XIV, ce monolithe fut alors couronné d'un soleil doré, emblème adopté par l'orgueil du grand roi. Sur cette même Place-Royale, une église enlevée au culte sert aujourd'hui de Musée. Là ont été rassemblés d'admirables fragments de statues : une tête sans nez, rappelant le plus beau temps de la sculpture grecque; une tête de César; les corps sans têtes de trois danseuses; un torse entouré de serpents, et un autel servant aux sacrifices; tous ces débris sont sortis des fouilles faites au théâtre. Dans la même enceinte on a réuni de très beaux sarcophages gothiques, ravis aux Aliscamps et à l'abbaye de Mont-Major. Sans doute, en explorant Arles, non en poète, mais en archéologue patient et exercé, on pourrait mentionner encore les vestiges d'une foule de monuments antiques dont nous n'avons point parlé; mais pourquoi nous perdre dans la recherche de ces édifices ensevelis? d'autres édifices debout frappent notre âme et attirent nos regards : aussi bien qu'Arles païenne, Arles chrétienne a son architecture merveilleuse ; on dirait que les archevêques d'Arles, qui souvent en furent aussi les chefs temporels, ont cherché à indemniser la vieille cité des destructions des monuments romains, en construisant dans son enceinte des monuments où l'art gothique a déployé toute son originalité, sa grâce et ses délicatesses inimitables. Vis-à-vis l'église qui sert de Musée, toujours sur la Place-Royale, s'élève la cathédrale de saint Trophime, dont le portail, du douzième siècle, est un des chefs-d'œuvre de la sculpture gothique. Autour de la frise de ce magnifique portail courent des figures allégoriques, des dieux de fleuves, des mufles de lions ou des rameaux de feuillages ; de chaque côté, entre les intervalles de six sveltes colonnes, les unes carrées, les autres rondes ou octogones, sont des niches supportant les statues des apôtres, couverts de longs manteaux. Dans un angle, on remarque saint Trophime en habits épiscopaux, et vis-à-vis le martyre de Saint-Étienne et l'ascension de son âme, que des anges portent au ciel. Les chapiteaux des colonnes, le fond des niches, toutes les parties du portail, sont surchargés de sculptures d'un travail inouï; au centre est le Seigneur, entouré de quatre animaux allégoriques; il juge les hommes, et ce jugement solennel est l'idée fondamentale de toute la composition. Le genre humain est représenté sur la frise : les douze apôtres occupent la partie qui est au-dessus de la porte ; sur les parties extérieures, on voit les âmes qui ont reçu leur sentence; à la droite du juge sont les élus; du côté opposé, des figures nues, liées à une même corde et entraînées par des démons, marchent parmi les flammes : ce sont les réprouvés. Dans les parties de la frise qui occupent la profonde r de l'arc du portail, on voit saint Michel pesant les âmes, la tentation d'Ève, la naissance du Christ et des tableaux de la vie des champs; enfin des scènes de supplices où, comme dans l'épopée de Dante, se confondent l'horrible et le grotesque. Dante avait passé à Arles, il avait vu le portail de saint Trophime et s'en était inspiré. L'intérieur de l'église ne répond pas à la magnificence de l'entrée : dans la nef, rien ne rappelle l'originalité de ce poème de pierre, déroulé sur le portail. Comme beaucoup de temples gothiques, saint Trophime mit plusieurs siècles à s'achever; l'architecture de tous les temps a passé par-là, depuis l'ogive du treizième siècle jusqu'aux ornements grecs dont M. de Grignan, gouverneur de Provence, décora l'église sous le règne de

Louis XIV. Sortons de Saint-Trophime par une porte latérale placée à droite de la nef, nous voilà dans le cloître, dans ce cloître merveilleux qui n'a pas de rival.

Quatre galeries sont disposées carrément autour d'un préau ou jardin qui leur distribue l'air et la lumière par les issues que laissent les nombreux entre-colonnements des murs intérieurs. Les murs opposés sont couverts de tablettes de marbre portant des inscriptions tumulaires en caractères gothiques. Les quatre galeries, construites à des époques différentes, ont chacune une physionomie qui leur est propre. La galerie de l'ouest est la plus remarquable; rien ne peut donner une idée de cette architecture dentelée, de ces ogives d'une admirable souplesse, de ces nervures éclatantes de vigueur; les arêtes, les broderies, les festons, tout ce qu'il y a d'élancé, d'aérien, de fantastique dans le système oriental, s'harmonie dans cette galerie ; les colonnettes se couronnent de chapiteaux admirablement variés. Les voûtes, descendues d'un rond-point, s'entr'ouvrent légèrement, glissent le long des murs et vont se perdre dans des triangles dont le sommet renversé s'appuie sur les colonnes et les piliers du portique. Tout l'idéal de l'art gothique est là ; si vous désirez connaître la sculpture du moyen âge dans toute sa splendeur, allez voir le cloître de Saint-Trophime et arrêtez-vous surtout sous cette galerie de l'ouest.

Le préau est couvert de hautes herbes ; au milieu, s'élève une simple croix de pierre, gardienne des morts ensevelis dans cette enceinte. Nous montâmes, par un escalier intérieur, au-dessus des voûtes des galeries qui forment quatre terrasses disposées en pente pour l'écoulement des eaux. Les grandes salles voûtées du chapitre s'ouvraient sur ces terrasses bordées de bancs de pierre où les chanoines venaient s'asseoir. Nous restâmes là longtemps, plongeant nos regards dans le cloître, admirant les perspectives fantastiques de ces sveltes colonnes, et nous rappelant les décors du quatrième acte de *Robert-le-Diable* dont le cloître de Saint-Trophime a, dit-on, donné l'idée. Rien ne manquait à l'illusion du tableau. Les nonnes de Sainte-Rosalie étaient remplacées par les nonnes de Saint-Césaire dont, le matin encore, nous lisions à la bibliothèque d'Arles les chroniques poétiquement licencieuses. Avant de mettre en scène ces vierges folles, dont l'abbesse orgueilleuse, forte de ses droits canoniques, osa résister à la puissance de Louis XIV, allons à la recherche de leur monastère détruit; voyons ce qu'il reste de ces lieux témoins de tant de coupables mystères. Nous sortons du cloître par une porte extérieure, nous passons sous une seconde porte voûtée qui fermait l'enceinte du chapitre, et dont chaque soir l'intendant de la ville faisait ôter la clé afin qu'aucun chanoine ne pût sortir la nuit. Nous verrons bientôt un jeune archidiacre braver ces verroux et ces murs. En repassant sur la Place-Royale, donnons un coup d'œil à la cour intérieure de l'archevêché aujourd'hui en ruine; des pampres de vignes, des lierres et des mousses ombragent et couvrent cette grande cour et en font un lieu de retraite plein de recueillement; saluons aussi comme un riche monument, quoique d'un faux goût, l'hôtel-de-ville, édifice brillant du règne de Louis XIV, et maintenant plus de halte, explorons les ruines chrétiennes, allons à la découverte du vieux couvent des nonnes de Saint-Césaire!

— Aux Aliscamps! me dit M. Clair. Nous sortons de la ville, le soleil penche au couchant, nous nous dirigeons vers l'est; bientôt l'immense champ des tombeaux nous apparaît dans toute sa dévastation, éclairé tristement par la lumière voilée du soir. Je le salue par ces deux vers de Dante :

Sì come ad Arli ove l' Rodano stagna
Fanno i sepolcri tutto l' loco varo.

A mesure que nous avançons, le terrain s'élève par degrés et forme une sorte d'éminence qui est le point le plus élevé des terrains circonvoisins. Ce lieu a servi de champ de repos à trois grandes civilisations : il reçut d'abord les sépultures de Gaulois; après eux vinrent les Romains qui y déposèrent les urnes funéraires renfermant les cendres des trépassés; enfin, lorsque le christianisme s'établit dans les Gaules, les évêques d'Arles consacrèrent les Aliscamps aux inhumations des chrétiens, dont les tombeaux prirent place à côté de ceux des Gaulois et des Romains. Il y avait une grande variété parmi ces tombeaux qui, selon l'expression du Dante, couvraient toute la campagne : les uns étaient de marbres revêtus de riches sculptures ; d'autres sans ornements, d'autres de simples pierres ; les pauvres comme les riches avaient là leur lit de repos, mais l'inégalité de la vie les suivait dans la mort. Quel spectacle imposant et triste ! des milliers de sarcophages étaient groupés autour de dix-neuf églises qui protégeaient le cimetière. Les Aliscamps devinrent célèbres dans toute la chrétienté ; plusieurs rois voulurent y avoir un monument ; des Alpes aux Pyrénées, tous les hommes illustres demandaient à y être ensevelis ; les villes situées sur les bords du Rhône y envoyaient les corps enfermés dans des bières que l'on confiait au courant du fleuve et qui arrivaient à Arles sans autre sauvegarde que le respect inspiré par ces cercueils flottants. Une somme d'argent, déposée sous la tête du mort, indiquait le genre de funérailles qu'on devait lui faire. Au sujet de cette pieuse coutume, un historien du douzième siècle rapporte très gravement un évènement merveilleux dont il prétend avoir été le témoin oculaire :

« Quelques jeunes matelots de Beaucaire,
» dit-il, ayant vu passer sur le Rhône la
» bière d'un mort, l'arrêtèrent pour pren-
» dre l'argent qu'on avait mis pour satis-
» faire à ses funérailles; mais il ne fut ja-
» mais en leur pouvoir de faire continuer
» son chemin à la bière : quelques efforts
» qu'ils fissent pour la pousser au cours de
» l'eau, elle ne fit que tourner au même en-

» droit, jusqu'à ce que le vol, ayant été dé-
» couvert, fut sévèrement puni. On n'eut
» pas plus tôt remis l'argent dans la bière,
» que, prenant d'elle-même le courant de
» l'eau, elle arriva heureusement à Arles,
» en présence d'une multitude de personnes,
» qui donnèrent mille bénédictions au ciel
» d'un si rare prodige. »

Aujourd'hui, le Rhône ne charrie plus de cercueils, les Aliscamps ont été dévastés, les sépultures violées, et ce vaste champ funéraire n'est plus que ruine et désolation. Dès la fin du xiie siècle, on cessa d'y ensevelir les morts, et dans les siècles suivants la destruction commença. Les marbres des plus riches tombeaux furent enlevés; Charles IX en fit charger plusieurs navires, qui sombrèrent dans le Rhône. Bientôt la dévastation fut entière, les sarcophages sculptés firent l'ornement de tous les musées du midi de la France, tandis que les tombeaux monolithes de simples pierres, abandonnés au pillage du peuple, servirent, dans toutes les fermes de la campagne d'Arles, d'abreuvoirs, de cuves à vin, et autres usages plus ou moins profanes. Que reste-t-il maintenant des Aliscamps? encore une innombrable quantité de tombeaux vides et brisés, une grande église, deux ou trois chapelles, un sol encombré de débris, un bouleversement effrayant et sombre. Nous pénétrons dans le champ funéraire, nous passons sous un arceau en plein cintre, qui semble la porte fatale du cimetière; suivant une ancienne tradition, cet arceau est le débris d'un couvent, la porte principale de l'abbaye élevée par saint Césaire. Césaire avait une sœur nommée Césarie : c'est pour elle qu'il fonda aux Aliscamps ce monastère, dont il la nomma abbesse. Une des règles de l'ordre était la copie des anciens manuscrits grecs et latins, que les jeunes sœurs exécutaient sur vélin avec une patience et une habileté rares. Dès la fondation, les religieuses du couvent de Saint-Césaire furent de jeunes filles de familles nobles, et nous verrons que, dans les siècles suivants, l'aristocratie provençale continua à être représentée dans ce cloître privilégié. Dans le vi^e siècle, tandis que saint Césaire était archevêque d'Arles, les Francs assiégèrent la ville et campèrent aux Aliscamps ; le couvent de femmes fut envahi, les murs furent renversés, et, à la levée du siége, saint Césaire le fit reconstruire, non plus aux Aliscamps, mais dans l'enceinte de la ville. Avant d'aller à la recherche de ce nouveau monastère, poursuivons notre exploration du champ funéraire. A côté de l'arceau du vieux couvent de Saint-Césaire, qui semble la porte d'entrée du cimetière, s'élèvent deux petites chapelles parfaitement conservées ; l'une fut fondée par l'ancienne famille des Porcelets, dont elle garde encore les armes , l'autre fut érigée en expiation d'un duel ; on voit encore le combat des deux antagonistes retracé sur un bas-relief. Nous voici au milieu des débris de tombeaux ; de toutes parts sur le sol, inégal et montueux comme des vagues, gisent des sarcophages vides de différentes grandeurs ; ici, ce sont des cercueils doubles, qui servirent à deux époux ; là, de tout petits où reposèrent des enfants, car, comme dit le vieux chant de la danse Macabre :

> Tout homme de la femme yssant
> Rempli de miser et d'encombre,
> Ainsi que fleur tost finissant,
> Sort et puis fuyt comme fait l'ombre.

A chaque pas, on se heurte contre ces lits

funéraires, profanés et bouleversés; les ossements ont disparu, il ne reste plus que l'enveloppe qui les contint; la poussière humaine s'est confondue à la terre, c'est le néant dans ses dernières limites; rien n'est sombre comme ce cimetière sans cadavres et sans squelettes. Trois ou quatre tombeaux sont encore debout; l'un d'eux renferme les cendres des échevins de la ville morts de la peste qui ravagea la Provence au commencement du xviii° siècle : comme Belzunce, ils se dévouèrent à leurs concitoyens; leur mémoire et leur tombe ont été respectés. Au milieu de ce bouleversement lugubre, la belle église en ruine de St.-Honorat projette son ombre d'une imposante mélancolie. L'entrée d'une grande cour à arceaux gothiques, espèce de préau, qui précédait l'église, est murée. Nous arrivons dans la nef par une porte latérale : des piliers massifs soutiennent le dôme. Cette église, érigée d'abord par des templiers, devint plus tard la sépulture des archevêques et des grandes familles d'Arles. Les dalles et les murs sont encore couverts de leurs blasons. Nous sortons par la porte principale, et nous pénétrons dans la cour murée ; là, nous nous trouvons de nouveau au milieu des tombes vides, enlacées par des herbes échevelées qui nous montent jusqu'aux épaules ; aux arceaux en ogives pendent des festons de lierres ; cette cour est bien l'enceinte de la mort et du silence éternel qui lui succède. Vue aux dernières lueurs du soleil couchant, qui semblait disparaître à l'horizon dans les eaux du Rhône, elle offre un tableau lugubre et tranquille qui sépare l'âme de tous les bruits du monde. On entre avec un peu de terreur dans ces murs, puis on les quitte comme à regret. Nous fîmes le tour de l'église en ruine : les plantes grimpantes l'enserrent, un cyprès colossal s'élève au-dessus de son dôme et remplace le clocher détruit; les vignes du jardin du gardien des Aliscamps s'étalent sur les fenêtres et y forment des vitraux de verdure; les fleurs des plates-bandes jettent à la nef leur encens de parfums. Aucune ruine n'est plus poétiquement encadrée que celle de Saint-Honorat : nous la contemplâmes longtemps; le jour qui baissait nous força à regagner la ville ; ce ne fut pas sans retourner souvent la tête vers ce vaste champ funéraire, emblème de la grandeur et du néant de l'homme.

En rentrant dans la ville, à droite, sur un terrain parallèle aux remparts et presque à leur niveau, nous trouvons l'église fermée de Saint-Césaire et les débris du couvent qui avait remplacé celui des Aliscamps. A chaque pas, on rencontre à Arles des églises en ruines, des monastères fermés ou détruits, on dirait que le vieux catholicisme s'écroule ; les pompes du rite ont disparu, les corporations religieuses se sont dissoutes, le culte extérieur s'en va, on ne peut le nier, mais ne peut-on espérer qu'à l'image va succéder l'esprit, le véritable esprit de l'Évangile? déjà n'a-t-il pas pénétré dans toutes les âmes, n'y a-t-il pas versé des semences de charité et de fraternité, n'est-ce pas la foi sincère du Christ que ces tendances généreuses qui sont désormais la religion de l'humanité? L'église a été pour les siècles moins éclairés le symbole visible et puissant du christianisme naissant ; notre âge a besoin d'une croyance plus épurée, il est appelé à goûter et à répandre la philosophie du christianisme accompli.

Nous profitâmes d'un reste de jour pour

visiter les ruines du couvent de Saint-Césaire; l'intérieur de la chapelle est vide et sans aucun ornement. On retrouve du monastère quelques bâtiments démantelés qui servent de greniers à foin, la grande cour remplie de fumier où croissent encore quelques vieux arbres et sur laquelle s'ouvre un large balcon à sculptures gothiques. Ce balcon était la promenade réservée de l'abbesse, le lieu d'où elle observait les jeux des nonnes durant les récréations. En sortant de cette cour où l'on ne circule qu'avec difficulté, grâce aux couches peu odorantes qui la recouvrent, M. Clair nous engagea à nous reposer quelques instants; il souleva un rideau blanc qui cachait à demi une petite porte percée au nord, près du mur d'enceinte de la cour, et nous pénétrâmes dans le plus gracieux réduit que vous puissiez imaginer. C'était une pièce de dix à douze pieds carrés, dont la voûte en ogive, du gothique le plus recherché, était mille gracieuses fantaisies de sculpture ; les cannelures et les feuillages se nouaient et se réunissaient en bouquet au centre du dôme, tandis qu'ils formaient à chaque angle de capricieux desseins. Cette petite salle, qui fut autrefois le mystérieux parloir des nonnes de Saint-Césaire, est aujourd'hui habitée par une charmante Arlésienne qui met une sorte de coquetterie à parer et à faire reluire son exquise habitation : une *crédence* en noyer ciré, relevée d'ornements de fer poli aussi brillant que l'acier ; une panetière du même bois que cette espèce de buffet et suspendue au-dessus ; des étagères couvertes de jolies poteries et d'une vaisselle en fer blanc éblouissante ; quelques chaises de paille tissée de diverses couleurs, tel est l'ameublement de cette pièce, spécimen de tous les ameublements des Arlésiennes du peuple un peu cossues. Une rare propreté règne dans ces intérieurs, et se fait deviner dès le seuil, presque toujours précédé d'un grand carré en rustique mosaïque formée par des cailloux du Rhône; les actives ménagères lavent chaque matin ces devants de portes qui sont comme l'enseigne d'une maison bien tenue. Saint Augustin a dit que la propreté était une demi-vertu; c'est aussi une demi-beauté. Le soin extrême que les belles Arlésiennes prennent de leur personne et de leur habitation ajoute à leurs charmes et les entoure d'un atmosphère poétique.

Quel contraste entre ces calmes et riants intérieurs habités par d'honnêtes et alertes ménagères et ce cloître de Saint-Césaire qu'animèrent tant de scènes orageuses! Ici, monsieur, loin de rendre nos tableaux plus vifs et plus tranchés que ceux que nous a laissés l'histoire, nous serons forcée d'en adoucir et d'en voiler les couleurs. Voulez-vous nous suivre dans la lecture de cette chronique, qui rappelle les vieux fabliaux et les contes joyeux de notre littérature? Peut-être aurions-nous hésité à faire revivre de pareilles scènes, si une tendre et triste figure ne devait répandre sur notre récit l'épuration d'un amour vrai.

Dans les premières années du dix-septième siècle, le clergé, fortement ébranlé des suites de la réforme de Luther, résolut, dans l'intérêt de sa propre conservation, de mettre un frein aux dérèglements de ses mœurs et de régénérer les couvents qui, durant le quatorzième, le quinzième et le seizième siècle, avaient été le théâtre d'une corruption ostensible et naïve, source d'inspiration pour les écrivains satiriques de notre primitive littérature. Rabelais, et plus tard la reine de Navarre, à l'imitation des anciens conteurs de fabliaux, ont défrayé leurs livres d'histoires scandaleuses, dont moines et nonnes sont presque toujours les héros ; on voudrait pouvoir accuser ces écrivains d'avoir exagéré le vice pour le rendre plus dramatique ; mais malheureusement il suffit de feuilleter les cartulaires et les chroniques contemporaines, pour se convaincre qu'alors, comme toujours, la littérature n'était que le reflet fidèle des mœurs de l'époque.

Vers la fin du seizième siècle, la fameuse abbesse de Maubuisson, sœur de la belle Gabrielle d'Estrées, non-seulement mettait à la disposition d'Henri IV ses diverses abbayes, pour servir de lieux de rendez-vous à Gabrielle et à son royal amant ; mais elle menait elle-même si joyeuse vie qu'on voyait dans son monastère quatre à cinq jeunes nonnettes, fruits de ses amours. Ce qu'il y avait de piquant, ajoute la chronique, c'est qu'elle les traitait suivant l'état de leur père : l'une était-elle la fille d'un gentilhomme, on avait pour elle de grands égards, c'était une nonne privilégiée ; une autre, par aventure, était-elle née d'un jardinier, elle devenait une pauvre sœur converse vouée au service du couvent. Sous Louis XIII, les mœurs devinrent moins relâchées et la réforme des cloîtres commença.

Elle devint plus active et plus militante sous la régence d'Anne d'Autriche ; le gouvernement la secondait de tout son pouvoir, il sentait que les débordements du clergé ébranlaient l'autorité religieuse si intimement liée à l'autorité royale. Port-Royal donna l'exemple de la réforme et la répandit dans les monastères voisins de Paris ; mais les abbayes des provinces, et surtout des provinces éloignées, étaient encore de petits fiefs indépendants où les abbés et les abbesses vivaient en princes suzerains dans une souveraine licence. Tel était le couvent des nonnes de Saint-Césaire, à Arles, au commencement de notre récit. Asile des jeunes filles de l'aristocratie, ce monastère, riche, libre, habitué depuis plusieurs siècles à ne dépendre que du pape, gardien d'outre mont peu vigilant, n'avait laissé pénétrer dans ses murs aucune idée de réforme.

LES NONNES DE SAINT-CÉSAIRE.

I

C'était par une de ces éclatantes matinées de mai où la vie dans les régions méridionales semble ruisseler du ciel, des nuages et des rayons brûlants du soleil, des fleurs, des blés naissants, des arbres qui bourgeonnent, de tous les fluides de l'éther, de tous les pores de la terre. Le portail de l'église de Saint-Trophime, déjà si chargé d'arabesques et de fleurs de sculpture, était encore décoré de guirlandes naturelles formées de buis, de roses blanches, de lis sans taches et d'autres fleurs, symboles de pureté. C'était la fête de la Vierge; les jeunes filles et les jeunes garçons de la noblesse arlésienne faisaient ce jour-là leur première communion. L'archevêque d'Arles officiait en personne, entouré de ses diacres et archidiacres et des chanoines du chapitre de Saint-Trophime. L'intérieur de l'église offrait un splendide spectacle; mille cierges brûlaient au maître-autel et dans les chapelles latérales; de riches tapisseries et des tentures de soie couvraient les murs; les bannières des saints et des saintes étaient suspendues aux ogives ; les corps canonisés enfermés dans leurs chasses de vermeil ou d'argent avaient été exhumés ; les vases sacrés et les candélabres d'or ornés de pierreries brillaient de toutes parts ; le parfum des plus belles fleurs se mêlait à celui de l'encens, et la voix mélodieuse des orgues répandait dans cette enceinte plus poétique que religieuse une musique enchanteresse. De chaque côté de la nef étaient rangés les communiants : à droite, les jeunes filles dans leur toilette virginale, suivies de leurs mères heureuses et recueillies ; à gauche, les jeunes garçons vêtus de petits pourpoints de satin blanc et de fraises de dentelles ; derrière eux, leurs pères, tous nobles gentilshommes, étalaient leurs plus brillants habits. Cette foule choisie offrait un charmant coup d'œil, effacé pourtant par l'aspect éblouissant du chœur, point lumineux qui couronnait l'église. L'archevêque, couvert de ses habits sacerdotaux étincelants de pierreries, portait sur sa tête une mitre d'or; son clergé était éblouissant; les diacres et les archidiacres, jeunes et beaux, l'entouraient comme un essaim d'anges; parmi ces prêtres de vingt ans, il en était un dont le visage expressif avait une beauté régulière et cependant pleine de charmes; un front haut, des yeux noirs et vifs, une bouche riante, un ensemble de physionomie jovial et fin, attiraient plus d'un regard sur le jeune archidiacre. Il était d'une grande famille de Provence; il se nommait Ricovis, et, comme tant d'autres de sa caste, il avait choisi les ordres par goût; car alors les ordres menaient à tout. De chaque côté du chœur, deux tribunes grillées dont on avait baissé les grilles étaient occupées : l'une par les confréries d'hommes; et l'autre par des religieuses de différents ordres.

Au premier rang étaient les nonnes de Saint-Césaire, conduites par leur abbesse à cette solennité. Malgré la coupe monastique de leurs habits, on doutait d'abord, en les regardant, si elles appartenaient à une communauté religieuse; leur robe blanche était en soie ou en laine très fine ; contrairement à la règle, un bandeau de cheveux noirs ou blonds brillait sous leur voile de dentelle ; elles portaient autour de la taille une cordelière d'or où était suspendu un chapelet d'ambre ou de perles ; elles tenaient à la main d'élégants missels recouverts de velours et d'ornements d'argent ; leurs mouchoirs étaient brodés, et plusieurs se servaient d'éventails. L'abbesse brillait au milieu d'elles par sa beauté et par la recherche de sa mise; c'était une grande femme svelte et digne, d'une trentaine d'années; sa taille était sans défaut, et sa figure d'une beauté parfaitement correcte ; ses grands yeux noirs avaient peut-être un peu de dureté dans l'expression, mais la blancheur de son teint et la séduction de son sourire en tempéraient le feu presque effrayant ; cette femme eût fait une belle et imposante reine ; elle le sentait et voulait que son abbaye lui fut un petit royaume. Elle portait ce jour-là une robe de velours blanc traînante, de coupe monastique, et un grand voile de dentelle de Flandre ; sur sa poitrine pendait une grande croix d'or et de diamants, signe de sa dignité. Fille de la noble maison de G., une des plus anciennes de la Provence, bien jeune encore, elle avait été élue abbesse des nonnes de Saint-Césaire, sous le nom de mère Catherine. Née pour commander, elle embrassa avec joie une vie qui lui assurait la liberté et la puissance ; elle trouva dans le cloître des mœurs fort relâchées : elle chercha à les rendre plus poétiques, sans les rendre plus sévères. Jeune, belle et noble, elle usa sans entraves de ces prérogatives alors incontestées; elle avait une de ces natures fermes et positives, dont en général sont douées les femmes faites pour commander, soit un empire, soit une communauté, soit simplement une maison. Dans ces femmes, les passions sont presque toujours une distraction vive, ardente, un besoin impérieux des sens, mais qui laisse le cœur libre et dégagé; elles aiment avec ardeur, et cependant sans trop se préoccuper de l'être aimé : elles s'*aiment* pour ainsi dire en lui, elles suivent leurs voies ambitieuses au milieu des emportements de leur amour qui les satisfait sans les troubler; en général, ceux qu'elles aiment sont naturellement faibles et malléables, ce sont des *fa-*

voris qu'il leur faut ; et si elles se méprennent dans leur choix, si elles trouvent un homme là où elles n'avaient voulu qu'un hochet, elles le brisent : témoin Élisabeth d'Angleterre et Catherine-la-Grande.

La mère Catherine de G. avait une de ces natures *royales*; depuis quinze ans qu'elle était abbesse des nonnes de Saint-Césaire, elle avait beaucoup aimé, si l'on peut profaner le mot *aimer* en l'employant dans ce sens; mais si, parmi ceux qui l'attiraient, elle découvrait par hasard quelque gentilhomme ambitieux voulant s'ingérer des affaires de son couvent et lui en disputer l'autorité, aussitôt sa nature de reine se révoltait, sa passion s'éteignait, ou plutôt était vaincue par une passion plus vivace, celle de l'ambition. Catherine avait un frère, gouverneur de Montpellier, jeune et beau comme elle, aimant comme elle à commander, et dont l'autorité fortifiait la sienne. Alliée aux plus nobles familles du Midi, cette femme, malgré le scandale de ses mœurs et de son orgueil, s'était assurée l'impunité. Nous verrons plus tard qu'elle lutta avec succès même contre l'épiscopat, même contre la royauté. Elle marchait sans tristesse et sans remords dans cette carrière de déréglements; mais, disons-le aussi, elle y marchait la tête haute, sans hypocrisie. Ce jour-là, tandis que l'archevêque d'Arles officiait et allait présenter à de jeunes vierges l'hostie consacrée, les yeux hardis de l'abbesse ne quittaient pas le jeune archidiacre Ricovis, qui parfois lui souriait d'un air d'enfant heureux.

Au premier rang des jeunes communiantes, on en remarquait une d'une beauté touchante; ses grand yeux d'un bleu sombre étaient voilés par de longs cils : sur son front pur, sur son cou un peu frêle, se jouaient les boucles abondantes de ses cheveux blonds groupés sous son voile et sa couronne blanche. Cette jeune fille pouvait avoir dix-sept ans; elle dépassait de toute la tête ses compagnes beaucoup plus jeunes, et cependant sa taille était si délicate, sa main si petite, son visage si enfantin, qu'on eût pu la prendre pour une adolescente de douze à quatorze ans. Elle était recueillie ou plutôt rêveuse, car on voyait par intervalles passer sur son front comme l'ombre douloureuse d'une pensée qui la préoccupait. Lorsque l'instant de recevoir l'eucharistie arriva, elle se leva une des premières et s'avança tremblante vers l'autel où elle s'agenouilla. L'archidiacre Ricovis lui présenta ainsi qu'à ses compagnes la nappe sacrée qu'il étendait de ses mains sous ces jeunes têtes, et l'archevêque approcha de ses lèvres l'hostie divine ; au moment de la recevoir, la jeune fille leva les yeux, son visage pâle pâlit plus encore, elle fit un mouvement involontaire ; puis, se recueillant aussitôt, l'impression qu'elle avait tout à coup ressentie se traduisit par un expressif sourire qui semblait dire : « Bonjour, frère ! » L'archidiacre lui sourit à son tour comme à une jeune sœur ; nul ne surprit ce pur échange de deux pensées d'enfants, souvenir sans doute de deux adolescences mêlées.

Quand elle eut reçu l'hostie, la jeune fille entièrement absorbée regagna sa place, les yeux baissés et le front incliné.

C'était un ravissant spectacle de voir ces blanches lignes de vierges pures et de beaux adolescents s'avancer de l'autel lumineux aux sons des harmonies divines de Pergolèse ; l'encens pénétrant des encensoirs flottait en blancs nuages sur ces jeunes et chastes têtes ; on eût dit les théories des fêtes de l'ancienne

Grèce décrivant autour du temple une marche religieuse.

Quand la cérémonie fut terminée, la foule s'écoula lentement et la nef resta déserte. Alors chaque famille où se trouvait un jeune communiant eut sa fête intérieure ; on s'empressait auprès de l'enfant sanctifié, la tendresse des parents redoublait pour lui, elle était mêlée d'une sorte de déférence et de respect.

La jeune fille frêle et touchante, suivie par sa mère, monta en sortant de l'église dans un riche équipage qui la reconduisit dans quelques minutes à l'élégant hôtel d'Alcyn dont la façade s'élevait sur les quais du Rhône ; la mère soutenait son enfant, et, arrivée dans un brillant salon, elle lui dit avec tendresse après l'avoir fait asseoir : — Eh bien ! Jeanne, te sens-tu mieux ? — Un peu mieux, ma mère, cette cérémonie m'a fait du bien; d'ailleurs je ne pouvais tarder davantage. — Enfant! tu avais l'air aussi jeune qu'elles toutes. — Oui, reprit Jeanne avec un triste sourire, la maladie me rend enfant, plus faible encore qu'un enfant ordinaire. — Reprends courage; depuis un mois tu souffres moins, et je compte beaucoup sur ce beau printemps pour te rétablir tout-à-fait.

La jeune fille embrassa sa mère et ne répondit pas.

Unique enfant de la noble maison d'Alcyn, Jeanne était pour ses parents depuis le berceau un objet de constante sollicitude. Sa santé toujours débile faisait craindre à chaque instant pour sa vie; mais son père et sa mère, à force de tendresse et de soins, la disputaient à la mort. Jamais enfant ne fut plus aimé, jamais jeune tête ne coûta plus de larmes. Jeanne d'Alcyn avait une nature douce et aimante; elle comprenait tant de dévouement et d'amour, et elle se prêtait à tous les désirs de sa mère pour fortifier une vie dont souvent la souffrance lui avait donné la lassitude.

Comme tous les êtres d'une organisation délicate, elle était douée d'une intelligence précoce; vivant peu en dehors d'elle-même, elle avait des sensations intérieures plus vives et plus durables.

On cherchait à la préserver de toute émotion; cependant l'émotion naissait naturellement dans cette âme ardente et contenue. On avait remis d'année en année à lui faire faire sa première communion, redoutant pour elle une piété exaltée capable d'affaiblir encore cet être déjà si faible. Mais le marquis d'Alcyn, qui, comme les pères des comédies de Molière, pensait que le mariage est un remède à tous les maux des jeunes filles, fut d'avis de faire accomplir à Jeanne le sacrement pieux, afin qu'on pût aussitôt, par un sacrement plus profane, mais à son avis plus salutaire, raffermir cette santé toujours chancelante.

Le soir du jour où commence notre récit, Jeanne et sa mère, assises sur la terrasse de l'hôtel qui dominait le cours du Rhône, contemplaient un splendide soleil couchant qui teignait de pourpre les eaux du fleuve. Tout à coup un mouvement inusité se fit sur les quais et attira toute leur attention. Une grande affluence de monde accourait sur chaque rive comme pour jouir d'un spectacle qui s'avançait apporté par le courant. Jeanne se souleva à moitié sur son siége pour mieux voir; en cet instant, le marquis d'Alcyn arriva sur la terrasse, accompagné d'un jeune gentilhomme à la tournure noble, à la mine fière et décidée. C'était le frère de l'abbesse de Saint-Césaire ; il recherchait Jeanne en mariage ; le marquis d'Alcyn l'encourageait. La jeune fille était indifférente et protestait de son désir de ne jamais quitter sa mère ; la mère disait comme son enfant, à qui elle voulait éviter toute alarme.

— Je vous amène le comte de G., dit le marquis d'Alcyn en s'approchant des bords de la terrasse. Jeanne ne souleva pas sa tête inclinée ; la marquise d'Alcyn salua et adressa quelques paroles au comte : mais bientôt ils furent tous attirés par le spectacle du fleuve.
— Voyez, voyez, s'écria Jeanne, quel charmant petit vaisseau ! il est tout pavoisé de voiles de soie blanche, où se dessinent des croix d'azur ; une vierge d'argent décore la proue. Oh ! regardez, des religieuses sont sur le pont, un prêtre est au milieu d'elles ; je ne me trompe point, ma mère ; ma mère, c'est l'archidiacre Ricovis !

En ce moment le charmant navire que Jeanne désignait passa en face de l'hôtel d'Alcyn. — C'est ma sœur qui va en pèlerinage à la Sainte-Beaume avec une partie de son couvent, dit le comte de G. — Ah! ah! et l'archidiacre l'accompagne? répliqua le marquis d'Alcyn avec un rire significatif.

— C'est tout simple, il vient d'être nommé aumônier de l'abbaye de Saint-Césaire, ajouta la marquise, qui voulait dérober à la candeur de sa fille toute pensée de scandale.

— Madame est indulgente, dit le comte de G. au marquis en s'éloignant un peu; mais vous, monsieur le marquis, vous paraissez fort douter de la vertu de ma sœur l'abbesse. — Entre nous, vous n'y croyez guère plus que moi, répliqua le marquis d'un ton léger; mais aussi, que voulez-vous que devienne une jeune fille que l'on cloître à quinze ans? le diable n'y perd rien; je l'ai toujours dit, pour les femmes il n'y a que le mariage. — C'est mon avis, et je venais justement pour vous parler mariage; votre fille a fait enfin sa première communion, sa santé me paraît meilleure : ne pourrions-nous songer à l'accomplissement de nos projets? — Vous savez bien que c'est là mon vœu le plus cher, répondit le marquis. Tandis qu'ils parlaient ainsi, Jeanne disait à sa mère : — Comme ce vaisseau fuit rapidement! que ne peut-il m'emporter aussi! qu'elles sont heureuses, les sœurs de Saint-Césaire! on dit que la vie du cloître est triste; peut-on en imaginer une plus douce que celle de ces jeunes femmes? Voyez, ma mère, elles sont là assises au milieu des fleurs sur le pont de ce gracieux navire qui va les conduire à Marseille, de là elles se rendront en pèlerinage à la Sainte-Baume, dans ce beau lieu que j'ai tant rêvé; l'archidiacre les accompagne, elles le voient tous les jours, à toute heure; elles entendent son onctueuse parole; et nous, ma mère, nous ne le voyons plus, depuis deux ans il nous fuit. — Les devoirs de sa charge prennent tout son temps. — Il oublie que nous avons été comme frère et sœur, continua Jeanne; durant dix ans, les mêmes études, les mêmes jeux nous ont réunis, et maintenant ne plus le voir!... Ma mère, je veux le prendre pour guide spirituel, il soutiendra mon âme. La marquise tressaillit, et, pour arracher sa fille à une impression fatale, elle prétexta une soirée trop froide et l'engagea à descendre au salon. Après avoir longtemps et confidentiellement causé avec le marquis d'Alcyn, le comte de G. sortit; il avait l'air satisfait et sûr de lui-même; peu soucieux de plaire à Jeanne, ce qui l'attirait dans cette union, c'était l'immense fortune de la jeune fille, sa haute naissance et son caractère timide, qu'il jugeait doux et malléable.

Quand il fut sorti, le marquis d'Alcyn parla sérieusement de ce projet de mariage; la marquise hésita à se prononcer, elle interrogeait du regard le sentiment de Jeanne. Le père insista avec tendresse, mais avec énergie, pour obtenir une promesse de sa fille : la décision de celle-ci éclata par des sanglots; elle s'évanouit sur le sein de sa mère en murmurant : — Jamais !

II

Deux mois s'étaient écoulés depuis cette scène, la santé de Jeanne s'était fortifiée, on ne craignait pl s pour ses jours; déjà ses joues pâles se coloraient, elle semblait renaître comme par enchantement. Par une brûlante journée de juillet, accompagnée d'une vieille gouvernante, elle était en prière dans l'église de Saint-Trophime ; elle paraissait parfaitement recueillie ; cependant, au plus léger bruit, son regard se soulevait et exprimait l'attention d'une personne qui attend. Enfin, une porte latérale qui conduisait au cloître s'ouvrit, l'archidiacre Ricovis se montra sur le seuil ; Jeanne marcha vers lui, après avoir fait signe à sa gouvernante de rester dans l'église. — Ma sœur, dit le prêtre, tout le chapitre fait la sieste, le cloître est entièrement désert, nous pourrons y causer en paix. Jeanne le suivit sans répondre ; arrivés sous les galeries aériennes, ils s'assirent sur un banc. Le soleil dardait ses rayons de feu dans le préau, dont les herbes et les fleurs s'inclinaient à moitié flétries. Les cigales répandaient leur harmonie stridente, les mouches dorées et les papillons se jouaient dans les rayons brûlants. Ce centre du cloître semblait une fournaise ; mais, sous les voûtes des galeries, on sentait une fraîcheur bienfaisante. — Nous sommes bien ici, dit le prêtre, personne ne viendra nous y troubler. Voyons, ma sœur, qu'avez-vous à me dire ? Et il prit sa main comme pour l'engager à la confiance. Jeanne d'Alcyn soupira, ses joues devinrent pourprès ; puis elle dit avec candeur : — Les paroles de charité que vous m'avez écrites pour calmer mon âme alarmée, l'expression de bonté que vous avez aujourd'hui en m'écoutant, me sont une consolation inexprimable. Oh ! je le vois, vous serez bien le guide spirituel que je cherchais, l'appui qui manquait à mon cœur défaillant ! L'archidiacre sourit avec satisfaction. Jeanne ne vit point ce sourire, ses yeux s'étaient baissés depuis qu'elle avait commencé à parler ; elle continua : — Vous le savez, mon frère, depuis mon enfance, par une mystérieuse affinité, mes penchants, mes sentiments, mes pensées, furent toujours comme un reflet des vôtres ; tant que vous restâtes dans le monde, il me sembla qu'on pouvait y vivre en paix et s'y sanctifier. Votre mère, amie de la mienne, vous amenait chaque jour à l'hôtel d'Alcyn ; je n'ai pas oublié tout ce que mon enfance vous doit de joies et de soins ; alors vous vous montriez compatissant pour ma santé débile, comme vous le serez aujourd'hui pour ma pauvre âme en peine. Je vous dus le goût de l'étude et de la réflexion : que de beaux livres nous avons lus et médités ensemble ! N'est-ce pas, mon frère, que ces temps étaient doux ? L'archidiacre pressa la main de la jeune fille, et eut encore un ineffable sourire. Jeanne poursuivit : — J'avais grandi, espérant ne vous quitter jamais ; vous entrâtes dans les ordres ; durant deux ans nous fûmes séparés, et mon âme sans boussole ne comprit plus ce qu'elle avait à faire dans le monde ; mais ne m'aviez-vous pas montré la voie en vous consacrant à Dieu ? n'aviez-vous pas marqué ma destinée ? Un jour je compris que je pouvais être heureuse encore, je vous vis sur ce gracieux navire qui vous conduisait à la Sainte-Baume avec les sœurs de Saint-Césaire ; vous étiez calme et souriant au milieu d'elles ; je me dis : Et moi aussi, je puis entrer au cloître et voir tous les jours ce frère que j'aime ; il m'élèvera vers Dieu ; il est le pasteur de ces religieuses, il sera le mien. Oh ! n'est-ce pas, mon ami, que vous aurez pour moi un peu de l'affection que vous portez à la mère Catherine ? L'archidiacre tressaillit ; malgré la dissimulation qu'il s'était imposée durant cette conversation, il ne put s'empêcher de s'écrier : — Ame pure et tendre, que parlez-vous de la mère Catherine ?

les sentiments que j'ai pour vous ne ressembleront jamais à ceux que m'inspire l'abbesse. Oh! vous ne connaissez point cette femme! Puis, comme craignant d'en avoir trop dit : — J'approuve votre dessein d'entrer dans l'abbaye de Saint-Césaire; votre santé, si faible encore, se briserait dans les agitations du monde; la paix du cloître vous appelle; là, vous serez heureuse, et vous pourrez y faire un grand bien; le couvent de Saint-Césaire a besoin d'une réforme; guidée par moi, vous pouvez l'accomplir; votre naissance, votre pureté, vous appelleront peut-être à de grands honneurs! — Oh! je ne cherche et ne veux que le repos, interrompit Jeanne avec une sorte de terreur; prier, recevoir vos conseils, lire, comme autrefois avec vous, les livres saints et les livres permis : tel est le bonheur qui me suffira. — Oui, vous recevrez mes conseils, et j'espère que vous vous laisserez diriger par moi, répliqua l'archidiacre avec une sorte d'autorité sacerdotale qu'il avait de la peine à rendre grave. J'ai de grands desseins sur votre jeune tête. — Vous avez été le frère de mon enfance, vous serez maintenant mon père spirituel ; je vous servirai et vous obéirai, dit Jeanne en joignant ses mains avec une tendresse dévouée. — Vous êtes un ange, s'écria le prêtre attendri et charmé ; mais votre mère, mais votre père surtout, comment ont-ils pris votre vocation? — D'abord ils l'ont combattue, ma mère faiblement, mon père avec plus d'autorité ; puis, lorsque ma mère a vu que cette idée m'avait ranimée, elle a craint, si on me l'enlevait, de me voir retomber dans la langueur ; elle m'a donné son consentement, et a décidé mon père à me donner le sien.

Jeanne disait vrai : la tendresse maternelle avait cédé à ses désirs. Connaissant toutes les douleurs du mariage, toutes les souffrances de la maternité, la marquise d'Alcyn redoutait pour sa fille ces rudes épreuves ; elle pensait que, pour cette nature sensible et délicate, la vie du cloître vaudrait mieux que celle du monde. Elle se disait encore que sa fille lui serait enlevée par le mariage, tandis qu'elle pourrait la voir tous les jours dans cette abbaye de Saint-Césaire, dont la règle était si tolérante, et qui offrait toutes les douceurs de la vie religieuse sans en avoir les austérités. Le marquis d'Alcyn fut décidé par des considérations plus mondaines : puisque sa fille renonçait à faire un brillant mariage, c'était encore une position honorable et qui pouvait devenir digne d'envie que celle qui l'attendait à l'abbaye de Saint-Césaire. L'abbesse actuelle, Catherine de G., était fort compromise par ses dérèglements. On pourrait parvenir, pensait le marquis, à faire casser son élection et à la remplacer par Jeanne d'Alcyn ; et certes, si sa fille obtenait un jour un pareil honneur, cela vaudrait bien pour elle et pour sa famille un riche mariage. Puisqu'il devait renoncer à unir sa maison à la puissante maison de G., il souriait à l'idée de la supplanter.

Les espérances qui décidèrent l'archidiacre Ricovis à approuver le dessein de Jeanne étaient de même nature que celles qui avaient déterminé le marquis, c'est-à-dire toutes positives. Durant plusieurs mois, il avait subi le joug et l'amour dominateur de Catherine ; captivé par la beauté et l'entraînante passion de cette femme, il s'était cru heureux. Mais bientôt il se lassa de son rôle de favori et de l'impérieuse volonté qui refoulait la sienne. Ambitieux comme beaucoup des membres du clergé de cette époque, il avait espéré partager l'autorité de l'abbesse de Saint-Césaire et même l'attirer toute à lui; il dut renoncer à cet espoir; et, quand il vit qu'il n'était pour elle qu'un instrument de plaisir, il la prit en haine et jura de la renverser. On comprend quelle satisfaction il éprouva quand Jeanne d'Alcyn, dans sa candeur et son ignorance, s'offrit à lui pour servir ses projets. D'autre part, cette jeune fille si belle, si pure, si aimante; cette compagne de son enfance dont il devinait l'amour dévoué, faisait renaître plus vifs tous les désirs émoussés de cette âme déjà corrompue : il avait aimé un démon, il allait être aimé d'un ange, cette volupté nouvelle l'attirait délicieusement. Cet homme n'était point foncièrement vicieux; il était épicurien, et avait une ambition de demi-portée, c'est-à-dire qu'il recherchait les richesses et l'autorité sans trop briguer les honneurs, et les plaisirs de sens sans braver le scandale. Ce jour-là il se garda bien d'effaroucher l'âme candide de Jeanne en lui exprimant ce qu'il éprouvait pour elle : il ne lui parla que de la réforme à introduire à Saint-Césaire, de l'esprit de Dieu qu'il fallait y ramener ; il lui exprima aussi la crainte qu'il avait que l'abbesse Catherine de G. ne consentît point à l'admettre dans son monastère. — Son frère vous recherchait en mariage, poursuivit-il : comment consentira-t-elle à vous arracher à lui? Jeanne partagea la crainte de l'archidiacre et s'en alarma. — Oh! mon Dieu, s'écria-t-elle, s'il fallait renoncer à ce projet, j'en mourrais. Le prêtre lui donna quelques avis propres à vaincre la résistance de l'abbesse; puis, bien que ces instructions fussent terminées, il éprouvait un charme si doux à la sentir près de lui, qu'il l'y retint encore. — Comme ces galeries sont fraîches et recueillies ! dit-il en se levant et lui donnant la main. N'est-ce pas, ma sœur, qu'il est doux de s'y promener à cette heure où tout repose, et par ce soleil brûlant qui ne vient pas à nous ? — Cette promenade me rappelle, répliqua Jeanne, celles que nous faisions ensemble sous les sombres allées du jardin de mon père ; alors nous paraissions à peu près du même âge ; vous n'aviez pas un titre respectacle : je vous appelais simplement Elzéar, je... Elle s'arrêta. Il la regardait avec ravissement. — Ma sœur, ma bonne petite sœur ! s'écria-t-il en pressant ses lèvres sur les mains de Jeanne ; elle tressaillit, mais ce baiser ne l'épouvanta point. — Ils se promenèrent longtemps ainsi, tantôt contemplant les sculptures des chapiteaux dont il lui donnait la naïve description, tantôt cueillant au bord du préau quelques fleurs des tombes qu'ils aspiraient ensemble, et que Jeanne posait ensuite sur son cœur. Vers quatre heures, la cloche de l'église sonna : elle appelait les chanoines au chœur pour y chanter l'office. — Il faut nous quitter, ma sœur, dit l'archidiacre avec un visible regret et en pressant plus fortement la main de Jeanne ; adieu, que le ciel seconde vos projets et qu'ils puissent s'accomplir! — Adieu, mon frère, dit-elle sur le seuil de la poterne qui menait à l'église ; que Dieu vous bénisse du bonheur que vous m'avez donné! Pauvre enfant! elle venait de faire un premier pas vers l'abîme, elle croyait marcher au ciel!

III

Le lendemain, un riche carrosse aux armes de la maison d'Alcyn s'arrêta devant la porte de l'abbaye de Saint-Césaire. Jeanne et sa mère en descendirent ; elles demandèrent à parler à l'abbesse, et furent introduites dans l'élégant petit parloir que nous avons décrit : il était alors meublé avec une extrême recherche. Une tapisserie de haute lice, représentant un sujet de la Bible, couvrait le plancher en guise de tapis ; autour du mur étaient rangés de grands fauteuils en bois d'ébène à dossiers élevés, recouverts de tapisseries brodées au petit point, représentant aussi des épisodes de l'Écriture ; sur des tablettes de bois de rose se trouvaient quelques livres pieux et des légendes de saints et de saintes somptueusement reliés. Au-dessus de la porte d'entrée, on voyait un beau Christ en ivoire, et, sur le faite d'une autre petite porte voilée d'un rideau, une délicieuse vierge en vermeil ; des fleurs naturelles placées dans des urnes de marbre embaumaient ce charmant sanctuaire. Après quelques instants d'attente, Jeanne et sa mère virent se soulever le rideau qui cachait la petite porte, et l'abbesse Catherine apparut. Elle était pleine de savoir-faire dans ces sortes de circonstances, et elle représentait fort bien la dignité de sa charge. Elle s'approcha de la mère et de la fille, et leur souriant avec grâce : — Eh bien! madame la marquise, cette jeune âme vient donc au bercail? dit-elle d'un ton maternel tout-à-fait onctueux. — Nous n'avons pu vaincre sa vocation, répliqua la pauvre mère, ayant peine à retenir ses larmes. — Peut-être y réussirai-je mieux que vous, dit gaîment l'abbesse; car enfin, vous le savez, mon frère meurt d'amour pour elle; et, comme tous ses vœux tendent au mariage, Dieu ne me défend pas de le protéger un peu. Jeanne fit un signe de mécontentement. — Ne vous effarouchez pas, ma belle colombe, poursuivit l'abbesse : si je ne puis vous persuader, vous serez libre de faire vos vœux et de rester à jamais parmi nous ; vous mènerez ici une vie douce, vous y recevrez vos parents, vos amis, et quelquefois mon frère, que je ne veux pas que vous oubliiez ; et maintenant, venez avec madame la marquise visiter votre nouvelle demeure. Elles se levèrent et elles entrèrent toutes trois dans l'intérieur du couvent.

Malgré l'impression pénible qu'avaient causée à Jeanne quelques paroles de l'abbesse, elle se sentit rassurée par son cordial accueil ; l'archidiacre lui avait fait redouter un abord rude et soupçonneux, et elle n'avait vu dans la mère Catherine que grâces et que sourires. Les premiers mois de son séjour au cloître furent pour elle une vie d'enchantement : elle voyait chaque jour celui qu'elle aimait, car il faut bien prononcer ce mot ; c'était l'amour qui l'avait attirée au cloître ; elle aimait sans remords l'ami de son enfance ; et l'archidiacre, par un jeu double et infâme, que la candeur de Jeanne ne pouvait soupçonner, était parvenu à dérober à la jalousie de l'abbesse la connaissance de ce chaste amour. Il n'avait point rompu ses liaisons avec Catherine, pour miner avec plus de sécurité son autorité ; pour nourrir sans crainte d'être soupçonné la passion pure et exaltée qu'il inspirait à Jeanne, il affectait pour l'abbesse des sentiments qu'il n'avait plus.

La bonté et la candeur de Jeanne d'Alcyn lui acquirent bientôt dans le couvent de nombreuses sympathies ; toutes les religieuses un peu timorées, cœur tendres et craintifs, qui peut-être n'auraient pas reculé devant un amour unique et vrai, mais que les intrigues de l'abbesse épouvantaient, se rangèrent instinctivement sous le drapeau de Jeanne, insoucieuse de toute autorité, et qui ne demandait à ses compagnes que de l'affection. Dans le cloître et dans le confessionnal, l'archidiacre lui gagnait toutes ces âmes timides ; tandis que le marquis d'Alcyn, dans le monde, cherchait à lui faire des partisans en opposant chaque jour la pureté de sa fille à la vie sans frein de la mère Catherine.

La pénétration de l'abbesse fut longtemps en défaut pour deviner ces machinations secrètes qui se formaient contre elle ; cependant son âme prit l'éveil. Jeanne continuait à repousser l'amour que le comte de G... ne cessait de lui exprimer. Introduit par sa sœur, ce jeune et brillant seigneur venait souvent au couvent, l'abbesse lui ménageait des entrevues avec Jeanne : c'était en vain, le cœur de celle-ci restait inexorable. D'après l'étude qu'elle avait faite sur sa propre nature, la mère Catherine jugea que, pour que cette jeune fille fût insensible aux soins d'un homme aussi beau, aussi recherché que l'était son frère, il fallait qu'un autre sentiment eût pris place dans son cœur : ce sentiment, quel en était l'objet ? voilà ce qu'elle ignorait ! mais ce doute était déjà une torture pour cette âme impérieuse. Parfois elle avait bien supris les doux regards de Jeanne attachés sur l'archidiacre, elle avait cru parfois deviner la sollicitude de celui-ci pour cette jeune fille ; mais, comme il lui gardait en définitive un amour positif, elle repoussait ces soupçons.

Cependant, pour se débarrasser de ses vagues et pénibles pressentiments autant que pour satisfaire aux vœux de son frère, elle se résolut à un projet hardi dont l'exécution amena les scènes que nous allons décrire.

IV

Avec une étrange liberté, et pourtant en gardant un certain mystère, tous les frères et tous les jeunes parents des nonnes de Saint-Césaire furent conviés à une fête que l'abbesse avait préparée. Le prétexte de cette fête fut un de ces jours sans nombre consacrés dans l'ancien calendrier à chômer quelque saint ou quelque sainte. Ce jour-là on célébrait la Vierge de septembre. Les invités furent d'abord réunis dans l'église, pour entendre un concert spirituel que les nonnes exécutèrent dans le chœur avec un ensemble et une pureté de voix qui auraient fait comparer leurs chants à un chant céleste, si des inflexions molles et voluptueuses n'avaient parfois altéré l'harmonie sévère de cette musique d'église. Après ce simulacre de fête sacrée, on se réunit dans la vaste salle en ogives qui servait de réfectoire; les murs de cette salle étaient couverts de boiseries sculptées; sur le plancher se déroulait un merveilleux tapis; une immense table dressée au milieu, et brillamment éclairée par des candélabres dorés, toute couverte des mets les plus recherchés, des vins les plus exquis, des fruits les plus rares, des fleurs les plus odorantes, offrait un ravissant coup d'œil.

La mère Catherine, telle qu'une reine, appuyée sur le bras de son frère le comte de G., entra la première dans cette salle; elle fut s'asseoir sur un grand fauteuil placé au haut bout de la table; les nonnes et les jeunes seigneurs la suivirent. Seule, Jeanne d'Alcyn, près de franchir le seuil de cette porte, hésita comme épouvantée. Saisissant le bras de l'archidiacre qui passait près d'elle : — Mon frère, dit-elle d'une voix basse et entrecoupée, fuyons, notre place n'est point ici. Oh ! vous qui me parlez de réforme à introduire, de l'esprit de Dieu à ramener dans ces murs, comment autorisez-vous par votre exemple un pareil scandale? est-ce bien la vie du cloître qu'on mène ici? n'est-ce pas plutôt la vie mondaine? Je le sais, partout où vous serez je ne dois rien craindre, et cependant cette fête me fait peur pour vous et pour moi. Je vous en conjure, mon frère, éloignons-nous. L'abbesse s'était aperçue que Jeanne parlait avec l'archidiacre, elle fit signe impérieusement à celui-ci de venir se placer auprès d'elle.

— Jeanne, vous le voyez, murmura le prêtre à voix basse, je ne puis vous répondre ici ; mais, à l'issue de ce festin, profitez du mouvement de la fête et allez m'attendre dans le petit parloir, je m'y rendrai. Puis, n'osant en dire d'avantage, il marcha vers l'abbesse et s'assit à sa droite ; de l'autre côté elle avait placé son frère, et elle ordonna à Jeanne de s'asseoir près de lui. Les nonnes et les jeunes seigneurs se rangèrent tout autour de la table, et les propos légers commencèrent.

— Dieu ne nous défend pas la bonne chère, dit gaîment l'abbesse, nous en trouvons plus d'un exemple dans les Écritures ; les mets et les vins qui couvrent cette table sont les produits de la nature, ils nous sont donnés par le Créateur, nous l'honorons en en jouissant. Tous les convives lui répondirent par un bruyant assentiment. Jeanne seule resta immobile et muette. — Et d'ailleurs, poursuivit l'abbesse avec un sourire plein d'ironie, n'avons-nous pas ici notre très redoutable directeur, l'archidiacre Ricovis, dont la présence sanctifie nos actions ? N'est-ce pas, mon père, que vous êtes notre garantie, et que vous saurez nous défendre auprès de monseigneur l'archevêque d'Arles, s'il songeait à s'irriter des heures de joie que nous nous donnons? L'archidiacre fit un signe contraint. — Voyons, cher directeur, poursuivit Catherine, commencez par rassurer cette âme craintive qui vous consultait sans doute tout à l'heure et engagez-la à sortir de la réserve qui l'accable. En parlant ainsi, elle désignait Jeanne; puis, se tournant vers le comte de G. : — Et vous, mon frère, tâchez donc de ramener le sourire sur les lèvres de votre belle voisine. Tandis que l'abbesse parlait, les vins circulaient, les têtes s'échauffaient, les joues des nonnes devenaient pourpres. Jeanne seule demeurait pâle et consternée sous le feu des regards épris du jeune comte et de ses paroles d'amour; elle restait froide comme une statue de marbre. — C'est donc un parti pris ? lui dit l'abbesse en jetant sur elle un regard ironique et dur. Ma chère fille, ne serait-ce que par obéissance, je veux que vous goûtiez à ce vin sacré, c'est un don du pape à notre communauté. Ce vin fut envoyé par le cardinal Barberini à l'abbesse qui m'a précédée. Et elle tendit vers Jeanne un flacon doré. Jeanne approcha machinalement son verre et le porta de même à ses lèvres. À peine y eut-elle goûté que ses joues pâles se ranimèrent. — Je le savais bien, dit l'abbesse ; allons, que le flacon circule et communique à tous sa merveilleuse influence.

Vers la fin du repas, une musique douce et voilée arriva aux convives par les fenêtres ouvertes de la salle ; elle semblait descendre du ciel étoilé, elle venait en réalité de la vaste cour entourée de grands arbres qui mêlaient leurs murmures aux sons harmonieux des instruments. Les plates-bandes de fleurs qui entouraient les murs jetaient dans l'air les plus pénétrants parfums, l'oreille était ravie et les sens énivrés !

— Voilà le signal, dit l'abbesse en se levant. Allez, mes sœurs, allez commencer vos danses nocturnes ; du haut de ce balcon je verrai votre joie et vos rondes gracieuses; ainsi que les festins, la Bible nous permet la danse : David, le saint roi David a dansé devant l'arche. Mon frère, prenez la main de Jeanne, dit-elle au comte de G., et conduisez-la sur cette verte pelouse, théâtre de la fête. En parlant ainsi l'abbesse, s'approcha du grand balcon qui s'ouvrait sur la cour, et elle s'assit sur une espèce de trône. Presque toutes les nonnes et tous les jeunes seigneurs quittèrent la salle. Le comte de G. avait pris la main de Jeanne, qui sembla d'abord ne faire aucune résistance; mais à peine eurent-ils franchi la porte qu'elle se dégagea vivement de son étreinte et s'élança dans l'obscurité à travers les sombres corridors. Elle parvint ainsi sans être vue jusqu'au petit parloir, où elle attendit l'archidiacre. Elle s'agenouilla toute en larmes en face de la Vierge de vermeil au pied de laquelle brûlait une lampe. Plein de trouble et d'agitation, son cœur battait avec violence, son front brûlait, elle s'efforçait en vain de mettre une suite dans ses pensées, il lui semblait que ce vin auquel elle avait à peine goûté jetait le délire dans son esprit; elle essayait de prier et ne pouvait y parvenir; au lieu d'une image sainte elle évoquait celle de l'archidiacre; ou plutôt en appelant l'ami de sa jeunesse elle croyait encore se confier à un guide sacré. Après quelques moments d'attente, des pas se firent entendre, elle crut les reconnaître, elle se souleva ; les pas approchaient, la porte s'ouvrit et l'archidiacre entra ; elle se précipita sur son sein comme pour y chercher un refuge. Il l'y pressa avec tendresse. — Ma sœur, ma chère sœur, pas d'épouvante, lui dit-il à voix basse ; écoutez-moi et laissez-vous guider par moi, nos instants sont comptés ; peut-être la mère Catherine accourt-elle déjà sur nos traces. — Oh! sauvez-moi d'elle, sauvez-moi de son frère, s'écria Jeanne éperdue, vous voyez bien qu'ils veulent ma perte; vous semblez les craindre et seconder leurs projets, ajouta-t-elle avec un accent de tendre reproche.— Enfant, vous me méconnaissez. Il est vrai, loin d'empêcher cette fête, j'y ai poussé l'abbesse, car ce scandale la perd; et une fois renversée, c'est vous, Jeanne, c'est moi, qui gouvernons Saint-Césaire. J'ai l'air ici du complice de l'abbesse, je suis en réalité son juge : demain l'archevêque saura tout, demain l'autorité de Catherine est perdue. — Mais cette nuit, dit Jeanne avec terreur, son frère, ces jeunes seigneurs, ils sont maîtres du cloître... — Je sais, reprit l'archidiacre, qu'ils sont capables de tout ; pourtant soyez sans crainte, ma vigilance veille sur vous ; les religieuses, qui vous aiment, vous entoureront ; au moindre cri d'alarme, vous les verrez accourir ; je serai là pour les guider, pour les seconder. Mêlez vous à cette fête, Jeanne, dissimulons encore quelques heures, il le faut ; puis l'avenir est à nous : l'avenir si beau, ajouta-t-il ardemment. Et il osa poser ses lèvres sur le front de la jeune fille. Elle allait tomber défaillante lorsqu'un bruit précipité la rappela à elle. L'archidiacre avait ôté la clé de la porte ; cependant il devint pâle d'effroi ; une autre clé tourna dans la serrure et l'abbesse apparut ; la colère éclatait sur son visage, ses yeux lançaient

du feu, mais elle se contint et dit d'un ton
froid et sarcastique : — Quoi ! ma fille, vous
quittez la fête pour les lieux secrets, vous vous
enfermez ici en prière avec notre aumônier.
Oh ! c'est fort louable sans doute ; nous comprenons, vous demandiez à l'archidiacre des
conseils ponr vous diriger !... — Vous l'avez deviné, madame, dit le prêtre qui avait
eu le temps de se remettre et qui ne songea
plus qu'à dissimuler ; cette pauvre âme alarmée craignait de ne pouvoir sans offenser
Dieu se mêler aux jeux de ses compagnes.
— Et vous lui avez conseillé... — Je lui ai
conseillé de vous obéir, madame, interrompit l'archidiacre en s'inclinant avec respect.
— Ah ! nous vous devons des actions de grâces. Allons, ma fille, suivez-moi : et vous,
comptez sur ma reconnaissance, dit-elle au
prêtre en lui jetant un regard haineux. Elle
n'avait rien entendu de leur conversation,

mais elle avait deviné leur amour, c'en était assez. Cependant elle avait aussi compris que pour perdre Jeanne il lui fallait dissimuler quelques heures encore. Elle saisit par la main la jeune fille tremblante et fit signe à l'archidiacre de la suivre. Arrivée dans la salle, elle dit au comte de G. qui l'attendait : — Mon frère, je vous ramène notre chère rebelle, reconduisez-la à la fête, elle nous a promis ainsi qu'à notre respectable directeur d'être plus raisonnable. Jeanne suivit passivement le comte, et l'archidiacre fut s'asseoir sur le balcon à côté de l'abbesse; elle ne lui adressa pas un mot de reproche, et lui, heureux d'éviter une explication, se prêta gracieusement à sa dissimulation. A les voir l'un et l'autre, on les eût crus entièrement absorbés par le spectacle qui se déroulait sous leurs yeux.

V

Déjà nous avons dit que les nonnes de Saint-Césaire avaient pu donner l'idée des nonnes de *Robert le-Diable;* et certes, plus nous avançons dans la description des scènes de la chronique, plus il nous semble que M. Scribe a dû avoir connaissance de cet étrange manuscrit conservé dans la bibliothèque d'Arles. Comme dans *Robert,* sous les regards charmés de l'abbesse et du chanoine Ricovis, les nonnes, accourant des galeries du cloître, décrivaient une danse fantastique sur les pelouses de la grande cour éclairée par la lune. Tantôt elles arrivaient par groupes sous leurs blancs et longs vêtements, les cheveux épars et couronnés de fleurs; tantôt enlacées aux bras des jeunes gentilshommes, dont le riche costume, de couleur brillante, contrastait avec celui des nonnes, elles décrivaient des rondes rapides, puis allaient tomber haletantes sur les bancs des bosquets; les danses se succédaient; on entendait sous les arbres des pas mystérieux qu'accompagnait une musique plus lente; puis tout à coup la troupe après s'être un instant éclipsée reparaissait sur la pelouse à la pleine clarté de la lune. Jeanne d'Alcyn, enchaînée à la main robuste du comte de G., fut contrainte de se mêler un instant à ces jeux ; mais, tandis que la ronde profane glissait sous les sombres allées, elle trouva le moyen de s'échapper encore et de rejoindre quelques-unes de ses compagnes qui, épouvantées comme elle de cette étrange fête, se tenaient à l'écart. — Fuyons, leur dit-elle, allons nous réfugier dans nos cellules; prenons-nous par la main, comme si nous formions une danse, et glissons par cette galerie obscure jusqu'au corridor supérieur. Une trentaine de sœurs la suivirent, et bientôt, enfermées dans leurs cellules, elles espérèrent y goûter le repos. Le moindre cri d'alarme poussé par une d'elles devait les attirer toutes ; c'était le mot d'ordre qu'elles s'étaient donné en se disant bonsoir..

Jeanne s'étendit sur sa couche sans quitter ses vêtements. On eût dit une de ces blanches reines en habits monastiques immobiles sur les tombes de Saint-Denis. Elle ne dormait point, mais elle reposait à demi depuis une heure ou deux, lorsqu'elle crut entendre des pas sourds dans le corridor. Bientôt ce bruit cessa, ou plutôt il parut avoir changé de direction ; il lui arrivait maintenant du côté de sa fenêtre. Tout à coup les vitraux volèrent en éclats, le treillis de fer se brisa, et le comte de G., suivi de quatre gentilshommes de ses amis, parut dans la cellule. Jeanne poussa un cri aigu. — Il n'est plus temps, ma belle, de faire aucune résistance, dit le comte d'un air cavalier; allons, suivez-moi de bonne grâce : ce soir je vous enlève, mais demain je vous épouse. Et déjà il soulevait Jeanne dans ses bras et se disposait à s'enfuir avec elle. En cet instant des voix se firent entendre dans le corridor. La porte de la cellule céda à des efforts réitérés, et toutes les religieuses amies de Jeanne vinrent l'arracher à son ravisseur. Bientôt une troupe plus redoutable arriva leur prêter main-forte. L'archidiacre Ricovis, qui avait profité du tumulte pour échapper à la surveillance de l'abbesse, ayant entendu passer le guet près du couvent, avait averti promptement les officiers qu'un scandale allait se passer dans le cloître, et, leur en ouvrant la porte, il les avait conduits, suivis de leur troupe, jusqu'à la cellule de Jeanne. Au même moment l'abbesse y accourait. — Madame, lui dit sévèrement l'archidiacre, entrant tout à coup dans son nouveau rôle, il se passe ici des scènes licencieuses dont nous devons avertir monseigneur l'archevêque; mais, en attendant que l'autorité ecclésiastique intervienne, l'autorité civile a le droit d'arrêter le scandale. — Sans doute, ajouta l'officier supérieur du guet; qu'on conduise à l'instant ces messieurs en prison. Et vous, dit-il à une partie de sa troupe, restez ici pour préserver de toute surprise ces pauvres filles sans défense. Le comte de G. et ses amis se dégagèrent d'entre les mains des soldats et parvinrent à prendre la fuite. Quant à l'abbesse, rugissante de colère, elle menaçait du regard et du geste l'archidiacre qui se retirait triomphant. Avant de s'éloigner, il s'inclina vers Jeanne et lui dit à voix basse : — Dormez en paix, ma chère sœur, demain vous aurez de mes nouvelles, et avant huit jours nous serons les seuls maîtres de la riche abbaye de Saint-Césaire.

VI

Dès le lendemain, l'archevêque d'Arles ordonna une enquête, et fit prévenir la mère Catherine qu'il se rendrait lui-même au monastère pour interroger les religieuses sur le scandale de la nuit précédente. Quelques heures avaient suffi à l'abbesse pour la déterminer au parti qu'elle avait à prendre et pour raffermir son esprit audacieux et indomptable. Elle commença par assembler toutes les religieuses dont elle était sûre, et c'était le plus grand nombre, l'amour des plaisirs et d'une liberté sans frein les avait liées à son pouvoir. Elle leur fit jurer de lui aider à fermer les portes du couvent quand l'archevêque paraîtrait, de résister à toutes sommations et de ne répondre à aucun interrogatoire; puis, assurée de leur obéissance, elle écrivit à l'archevêque une lettre pleine d'orgueil et d'astuce. Elle disait, en commençant, qu'elle dépendait de Dieu seul, et que nul n'oserait casser ou réformer son autorité; elle demandait ensuite qui pourrait prouver que les scènes dont son abbaye avait été le théâtre ne s'étaient pas passées à son insu. Des hommes avaient tenté de s'introduire, la nuit et par escalade, dans la cellule des nonnes; le guet les avait surpris. Mais avait-on reconnu son frère? pourrait-on jurer qu'il était là? et quelle vraisemblance que le noble comte de G., gouverneur de Montpellier et y résidant alors, eût recours à la violence pour pénétrer dans un monastère où le pouvoir de sa sœur lui donnait un libre accès? Ainsi elle mettait tout en doute, et elle espérait, par ses mensonges audacieux, ébranler la conviction de l'archevêque d'Arles. Elle y réussit presque. Aimant la quiétude et la molle paresse, un instant l'archevêque hésita; il prévoyait des scènes orageuses, il eût voulu s'y dérober. Les représentations énergiques de l'archidiacre, les vives instances du marqui d'Alcyn et des nobles familles qui lui étaient alliées, l'emportèrent enfin. Suivi de son clergé, l'archevêque se rendit à l'abbaye de Saint-Césaire; mais, ainsi que l'abbesse l'en avait prévenu, il en trouva les portes fermées et barricadées; ses sommations furent vaines. Le cloître resta muet comme s'il avait été désert. Le peuple voulait en forcer l'entrée, l'archevêque s'y opposa. Il décida qu'il fallait en référer au gouverneur de Provence.

En apprenant la résistance de l'abbesse,

le marquis et la marquise d'Alcyn conçurent de vives alarmes ; qu'allait devenir leur fille à la merci de cette femme qui osait tout ? Ils se rendirent chez l'archevêque pour aviser aux moyens de délivrer leur enfant ; ils y trouvèrent l'archidiacre Ricovis, qui les rassura. Tandis que l'archevêque décidait le marquis d'Alcyn à partir à l'instant même pour Aix afin de hâter l'arrivée du gouverneur, l'archidiacre disait à la mère de Jeanne :

« J'ai des intelligences dans le couvent, j'aurai ce soir même des nouvelles de votre fille ; un grand nombre de religieuses se sont déclarées pour elle : soyez sans crainte, madame, vous savez bien que je l'aime comme une sœur. »

La pauvre mère le remerciait avec effusion.

Peu d'instants après, le marquis d'Alcyn partait pour la capitale de la Provence, et l'archidiacre Ricovis écrivait à Jeanne la lettre suivante : « Soror Dolorosa, séchez vos larmes, l'heure du triomphe et des félicités approche ; ce soir, à minuit, je me rendrai dans votre cellule ; entr'ouvrez-en la porte ; ô ma colombe bien-aimée, ce n'est pas un ravisseur qui doit y pénétrer, c'est l'ami de ton enfance, c'est celui que ton âme appelle et désire depuis si longtemps. Attends en paix, mon ange, et ne crains pas la vengeance de l'abbesse : son pouvoir est détruit, sa chute se prépare. » Il remit cette lettre à un agent mystérieux dont il était sûr et qui avait des intelligences avec des sœurs converses dévouées à Jeanne.

A minuit moins quelques minutes, enveloppé dans un manteau sombre, l'archidiacre quitta sa chambre ; il traversa les grandes salles du chapitre et parvint sur la terrasse qui domine le cloître. Comme la veille, à la fête des nonnes de Sait-Césaire, la lune radieuse brillait au ciel dans tout son éclat; les colonnettes du cloître dessinaient sur le préau leurs ombres dentelées; la nuit était calme et tiède; elle ne disposait pas à la tristesse, elle portait plutôt à une molle rêverie. L'archidiacre avait bien souvent, à la même heure, traversé les mêmes lieux; le but de sa course était alors comme aujourd'hui l'abbaye de Saint-Césaire; mais l'amour de Catherine n'avait jamais été pour lui qu'un amer et tyrannique plaisir, tandis que la tendresse pure et dévouée de Jeanne satisfaisait à la fois son orgueil et son cœur. Ici il se sentait le dominateur et non l'esclave; Jeanne l'aimait avec effroi, mais d'un amour sans bornes, tandis que l'abbesse, au plus fort de son audacieuse passion pour lui, était toujours restée maîtresse d'elle-même. Ressentant un bien-être plein de charme de ce sentiment nouveau, il voulut quelques instants en savourer la jouissance : il s'assit sur un banc de marbre, et son cœur enivré goûta par avance le bonheur qui, pensait-il, l'attendait. Pas une pensée de remords ne vint le troubler; son âme, corrompue depuis l'adolescence, était inaccessible à ces luttes intérieures que, d'ailleurs il faut bien le dire, n'éprouvent que les âmes choisies; le remords, c'est le regret du bien et du beau, et peut-on regretter ce qu'on n'a jamais compris ni connu? Pour les âmes communes le remords n'arrive guère que lorsqu'elles sont déçues dans leurs convoitises; tant que leur égarement les conduit à leur but, le cri de l'honneur ou du devoir ne les arrête guère : or, ce soir-là l'archidiacre ne prévoyait point d'obstacles à ses désirs.

Après avoir rêvé quelques minutes délicieusement, il quitta la terrasse, traversa le cloître, franchit une petite cour, et ouvrit avec une double clé qu'il portait sur lui une grande porte fermée à l'intérieur, puis une seconde porte plus lourde encore, que l'intendant de la ville faisait, selon la règle, clore chaque soir. Il arriva sans obstacle au couvent de Saint-Césaire ; et, s'y étant introduit par une entrée secrète, il parvint facilement au couloir des cellules des nonnes ; celle de Jeanne était au fond ; à la ligne lumineuse qui s'échappait de la porte, il comprit que la jeune recluse avait reçu sa lettre et qu'il était attendu. Il se glissa en silence le long du mur, il entre dans la cellule et referme la porte sur lui. Jeanne agenouillée tourne la tête, elle laisse échapper un faible cri, et son visage baigné de larmes exprime un indicible bonheur. Alors il ose lui exprimer son amour avec emportement. Jeanne écoute avec extase ; elle ne voit qu'un dévouement sublime, qu'une ascétique passion dans cet homme qui, au péril de sa vie et de son honneur, vient vers elle au milieu de la nuit pour la rassurer, pour lui parler de sa mère, pour lui promettre une prompte et triomphante délivrance. Et d'ailleurs que craindrait-elle de celui qu'elle aime depuis son enfance? Elle s'abandonne à ses caresses qu'elle croit chastes, et lui s'enhardit de son innocence; il allait la flétrir à jamais, lorsqu'un grand bruit se fait entendre dans le corridor; il est suivi d'éclats de voix; la porte de la cellule cède à des bras puissants. L'abbesse apparaît, suivie de deux frères bénédictins et de toutes les religieuses. — J'ai ma revanche, dit-elle à l'archidiacre; vous aviez trop tôt chanté triomphe et prédit *ma chute*, mon révérend! — Quoi! ma lettre a été surprise, murmura l'archidiacre hors de lui-même. — Votre lettre est là sur mon sein, dit faiblement Jeanne éperdue. — Sans doute, s'écria l'abbesse qui les avait compris, cette lettre, vous l'avez reçue; mais avant vous une autre l'avait lue. J'ai prévenu ces vénérables pères, j'ai voulu les rendre témoins de la conduite de monsieur l'archidiacre, et leur prouver quel cas monseigneur l'archevêque devait faire de ses dénonciations. Les deux bénédictins firent un geste d'anathème. L'archidiacre, courbé quelques instants par la surprise, se releva tout à coup fièrement : — Et que m'importent les apparences! il me sera facile de me justifier auprès de l'archevêque; je suis ici à la demande du marquis et de la marquise d'Alcyn pour porter des consolations à leur fille. — Le désordre où nous venons de surprendre votre complice, la lettre d'amour qui vous a précédé, démentent assez vos paroles, répliqua l'abbesse d'une voix calme. D'ailleurs les débats entre nous s'ouvriront bientôt; le gouverneur de Provence décidera; je sais qu'il a été mandé, et maintenant je désire de grand cœur sa venue. Adieu, monsieur l'archidiacre, ajouta-t elle ironiquement en se retirant suivie des religieuses et des bénédictins; vous êtes libre de passer la nuit ici. Quand elle fut sortie, il chercha à inspirer à Jeanne une sécurité qu'il n'avait plus lui-même; puis, après l'avoir confiée aux soins de plusieurs sœurs ainées, il sortit plein de confusion.

Rien de cette scène ne transpira au dehors, l'abbesse avait recommandé le secret à ses nonnes et aux deux religieux. Quant à l'archidiacre, il avait trop d'intérêt à se taire pour ébruiter ce qui s'était passé; seulement, il chercha par d'habiles menées à faire dans la ville de nouveaux partisans à Jeanne d'Alcyn et à décrier de plus en plus l'abbesse.

Le surlendemain, le gouverneur de Provence était arrivé, suivi de l'archevêque, du clergé et des autorités de la ville. Il se rendit aussitôt à l'abbaye de Saint-Césaire; il s'attendait à quelque résistance, mais, à sa grande surprise, les portes lui en furent ouvertes. L'abbesse vint à sa rencontre entourée de toutes ses nonnes; et, après lui avoir adressé quelques paroles respectueuses et dignes, elle l'introduisit, ainsi que sa suite, dans une vaste salle où s'assemblaient les religieuses lors des élections des abbesses. Le gouverneur et l'archevêque s'assirent sur deux hautes stalles de bois; l'abbesse se plaça sur un siége parallèle, tous les assistants se rangèrent autour d'eux; parmi les religieuses, on remarquait Jeanne d'Alcyn, à moitié cachée sur le sein de sa mère, qui était accourue au couvent aussitôt que les portes en avaient été ouvertes. Les interrogatoires commencèrent, ou plutôt l'acte d'accusation dirigé contre l'abbesse, et qui avait été dicté par l'archidiacre, fut lu à haute voix par un officier du gouverneur. Durant cette lecture, la mère Catherine demeura impassible; mais lorsqu'elle fut terminée et que le gouverneur voulut l'interpeller, d'accusée se faisant tout à coup accusatrice, elle dit d'une voix ferme en désignant du geste l'archidiacre : — Voilà l'homme qui a déchaîné contre nous l'opinion publique, et qui nous attire les réprimandes des autorités civiles et ecclésiastiques; mais que cet homme, avant d'être cru, se défende à son tour; n'a-t-il pas, il y a deux jours, écrit une lettre d'amour à l'une de nos recluses? ne s'est-il pas introduit à minuit dans sa cellule? n'y a t-il pas commis des scènes de désordre et de honte? L'archidiacre fit un signe audacieux de dénégation. — J'en appelle à ces deux révérends pères qui ont été témoins de ce que j'avance; et elle désigna les deux bénédictins qu'elle avait fait asseoir près d'elle; ils confirmèrent ces paroles. — Oui, sans doute, on m'a trouvé auprès de cette jeune fille, poursuivit l'archidiacre, mais j'y étais par ordre de sa mère! La marquise d'Alcyn, redoutant la honte pour sa fille, ne le démentit point. — Et c'est aussi sous la dictée de sa mère que vous lui avez écrit? répliqua l'abbesse en ouvrant un papier et en lisant à haute voix la copie de la lettre que l'archidiacre avait adressée à Jeanne. — Cette lettre est supposée, osa proférer l'archidiacre. A ces mots, Jeanne se couvrit le visage de ses mains, le mensonge de celui qu'elle aimait la faisait rougir et l'épouvantait; par une clairvoyance soudaine, elle vit l'impureté là où elle n'avait vu jusqu'alors qu'un chaste bonheur, et, frappée d'une sainte terreur, elle commençait à perdre l'usage de ses sens, lorsque l'abbesse, qui s'était levée et avait marché vers elle, la secoua rudement : — Levez-vous, Jeanne d'Alcyn! dit-elle d'une voix superbe; puis la traînant jusqu'auprès du gouverneur et de l'archevêque : — Jurez en face de nos juges, jurez sur ce christ (et elle lui tendait la croix suspendue à son cou), que la lettre que je viens de lire est une imposture, qu'elle ne vous a pas été adressée et qu'elle n'est pas de l'archidiacre Ricovis! Jeanne repoussa avec effroi l'image du Sauveur; mais, sommée de répondre par le gouverneur et l'archevêque, victime résignée, elle dit d'une voix faible et pure : — Pour échapper aux humiliations d'une vie passagère, je n'exposerai pas mon salut éternel, je ne blasphémerai pas mon Créateur.

Oui, cette lettre... (et ici sa voix mourut), cette lettre est de l'archidiacre Ricovis. Comme si ces paroles avaient brisé sa vie, à peine les eut-elle prononcées qu'elle tomba raide sur les dalles, le sang jaillit de ses tempes. Sa mère se précipite vers elle, elle la relève et la presse dans ses bras; elle resta glacée sous son étreinte; elle était morte! L'assemblée se dispersa en désordre; l'abbesse se retira triomphalement, suivie de ses religieuses, elle abandonna le corps de Jeanne à sa famille.

Cette scène de deuil mit fin à l'enquête commencée, et la mère Catherine put tranquillement poursuivre dans le cloître sa vie sacrilége. Elle s'efforça, par une sorte de vengeance de son orgueil, de ramener à elle l'archidiacre, et, chose horrible à dire, elle y réussit.

Parfois le scandale de sa conduite fut

poussé si loin, que les archevêques et les gouverneurs de Provence se virent forcés d'intervenir de nouveau, mais elle échappa toujours à leur jugement. Trente ans plus tard, Louis XIV en appela de cette affaire à son conseil d'État, espérant enfin qu'un arrêt serait rendu contre cette femme indomptable; ici encore elle l'emporta : le conseil lui fut favorable et elle mourut en paix dans un grand âge, dans cette riche abbaye de Saint-Césaire, dont elle avait à jamais perverti les mœurs; après elle aucune réforme n'y pénétra. Lorsque la révolution française éclata, elle brisa violemment ce corps gangréné, et le marteau des démolisseurs ne laissa du vieux monastère que les ruines que nous avons décrites.

—

Depuis longtemps Arles a disparu à l'horizon ; nous avons longé rapidement les rives

aplanies du fleuve. Nous approchons de
son embouchure ; à gauche, une belle tour
gothique élevée par saint Louis, nous annonce la mer, les flots du Rhône deviennent
d'un bleu plus vif; déjà le mélange s'opère,
les grandes eaux s'étendent devant nous, les
vagues approchent, nous les franchissons;
le bateau rudement secoué nous balance en
tous sens; quelques visages ont pâli ; quelques femmes commencent à défaillir; le capitaine nous observe d'un air narquois. Jusqu'à présent nous restons ferme et intrépide,
debout sur le pont, les cheveux au vent,
et contemplant avec ravissement le sublime
spectacle qui se déroule devant nous; l'esprit domine le corps. Au midi et à l'ouest,
la mer, l'immense mer sans limites, sans
rivage, s'étend devant nous; ses vagues
bruyantes, limpides et gigantesques, montent jusqu'au pont du bateau; quelques

mâts lointains les dominent et nous annoncent de grands navires qui rentrent au port de Marseille. Au nord, derrière nous, le Rhône que nous venons de quitter se confond avec ses rivages. A l'est, une chaîne de montagnes d'un pâle azur suit les bords de la mer jusqu'à Marseille, dont les rochers et les constructions nous apparaissent vaguement ; quoique la mer soit grosse et orageuse, le bateau poursuit sa marche rapide et directe. Les *cabines* sont encombrées de passagers que le mal de mer torture. Trois pauvres religieuses, qui certes ne ressemblent guère aux brillantes nonnes de Saint-Césaire, sont prêtes à rendre l'âme. Par un bonheur inouï, nous échappons à l'atteinte générale, nous défions le capitaine surpris. Quel préservatif nous garantit? Ah! c'est que l'air natal souffle vers nous, c'est que cette belle ville, qui déjà se montre à demi, est la ville de notre enfance. Voilà Marseille! Le bateau glisse à côté de l'île du château d'If, triste citadelle, construite sur d'arides rochers. Là, Mirabeau resta enfermé deux ans entre le ciel et l'eau. A peu de distance est une île plus vaste où les vaisseaux font quarantaine avant d'entrer dans le port; plus loin un rescif où s'élève le phare; mais nous touchons à la cité. Ses maisons, ses vallées couvertes de bastides et accidentées de montagnes, nous apparaissent à la fois, nous allons entrer dans le port. A droite, et huchée sur le faîte de hauts rochers, la chapelle votive de Notre-Dame-de-la-Garde. A gauche, le fort Saint-Jean. Voici le donjon à tours crénelées où, en 93, furent enfermés les frères du roi, le duc de Montpensier et le comte de Beaujolais; pleins d'intrépidité, ils tentèrent de s'évader de ces hautes murailles; mais ils furent surpris dans leur fuite. Enfin, après plus de trois ans d'une dure captivité, l'exil leur fut permis, et bien jeunes encore, beaux et intelligents, ils sont morts tous deux de la poitrine, l'un en Angleterre, l'autre à Malte [1].

Le bateau est entré dans le port. Quelle foule de navires, quelle agglomération de mâts, de voiles et de cordages, quel mouvement, quels éclats de voix, quel mélange bruyant d'idiomes de toutes les nations!

Une foule de barques nous entourent et sollicitent le transport des voyageurs et de leurs bagages. Adieu, monsieur, il est temps de clore ces pages, puissiez-vous les lire sans trop d'ennui, et garder un bon souvenir à celle qui les a tracées.

[1] Notre célèbre statuaire M. Pradier a fait du duc de Beaujolais mourant une magnifique statue que l'on a beaucoup admirée au Louvre, au salon de 1840.

LES AMOURS
DE MON VIEUX MAITRE D'ÉCRITURE.

DEUX ASSASSINATS.

A M. JOURDAN.

Montfrein, 28 septembre 1842.

Dans huit jours nous serons à Paris ; je pourrais vous dire de vive voix tout ce que je vais vous écrire : mais aurais-je le temps de vous faire ce récit ? vous-même, monsieur, auriez-vous la patience de m'écouter ? Une lettre se lit toujours, une conversation s'interrompt et ne se reprend guère. J'ai ici quelques heures de repos et de solitude, quelques jours peut-être, car les eaux du Rhône, qui submergent la campagne et les routes, menacent de nous retenir prisonniers dans ce pittoresque village où nous sommes venus voir de vieux parents. J'ai dit village, quoique Montfrein revendique le nom de bourg : faisons droit à cette orgueilleuse réclamation que justifient bien des titres ; Montfrein est un des bourgs les plus anciens et les plus pittoresques de la France. A une lieue et demie du pont du Gard, sur les bords poétiques du Gardon que Florian a justement vantés, Monfrein échelonne sur un tertre élevé ses anciennes masures et ses constructions gothiques ; une église du douzième siècle, une vieille chapelle, débris d'un couvent de Templiers, des maisons à pignons, ça et là des débris d'ogives, poétisent ces petites rues infectées d'une couche de fumier, où poules, canards et autres volatiles s'ébattent au soleil ; le tertre, tout couvert de maisons est clos à sa base par un mur d'enceinte à poternes armoriées, tandis que son sommet se couronne d'un château seigneurial d'assez majestueuse apparence, et dont les descendants des anciens comtes de Montfrein sont encore aujourd'hui les possesseurs. A la fin du seizième siècle, au lieu de ce château à façades carrées et régulières, s'élevait un vrai manoir féodal entouré de fossés et flanqué de quatre tours massives. La moitié d'une de ces tours colossales reste encore debout. Mais lorsque Richelieu eut détruit les derniers vestiges de la féodalité, que les seigneurs suzerains des petits fiefs ne furent plus que les courtisans du roi de France, l'habitude de vivre à la cour inspira l'amour du luxe à la noblesse française, et les vieux donjons qui avaient convenu aux mœurs rudes et à l'esprit guerroyant des aïeux semblèrent aux fils efféminés de sombres et d'inhabitables prisons. C'est alors qu'aux châteaux forts, qui dominaient comme des nids aériens, chaque hauteur, succédèrent de pacifiques *villas*, plus élégantes, mais bien moins pittoresques. L'architecture féodale disparut ainsi, non sous la main du temps, mais pour céder la place à l'architecture plus moderne des maisons de plaisance royale que les grands seigneurs cherchèrent à imiter dans leurs terres. Versailles tourna plus d'une tête et inspira plus d'un plagiat; un grand nombre de gentilshommes voulurent avoir leur Versailles en miniature, et le château de Montfrein est une des plus puériles copies de cette fastueuse ambition. Figurez-vous, monsieur, un Versailles sans jardins et sans eaux, huché à la cime d'un rocher, mais, à part cette dissemblance, un Versailles presque pierre pour pierre, avec sa cour d'honneur, ses ailes latérales, ses terrasses, et rappelant l'habitation royale comme un jouet d'enfant rappelle un monument. Cette imitation mesquine est d'un aspect fort triste, et je comprends que cette vaniteuse demeure reste aujourd'hui abandonnée. De la terrasse du midi, où l'herbe croît et se dessèche et dont les balustres tombent en ruines, on découvre d'immenses terres couvertes d'oliviers et de vignobles, des coteaux fertiles, le double cours du Rhône et du Gardon et le gracieux pont suspendu qui unit Montfrein aux campagnes de Beaucaire. Hier soir, par un magnifique soleil couchant, cette vue n'était pas sans grandeur : toute la vallée submergée ressemblait à un lac enflammé, d'où surgissaient çà et là les grands arbres et les habitations, c'était un beau chaos, un échantillon du déluge.

J'ai visité l'intérieur du château de Montfrein. Je ne vous en dirai rien : partout, un luxe ordinaire et suranné. J'aime mieux vous décrire la chambre où je vous trace ces pages. Nous habitons une des plus vieilles maisons du pays; elle appartenait autrefois aux comtes de Clavières; elle porte encore leurs armoiries. L'appartement où je suis est une grande salle à piliers massifs, dont aucune tenture ne recouvre les pierres glacées. Le vent s'engouffre dans l'immense cheminée, dont le foyer, large de sept ou huit pieds, est orné de meubles comme un cabinet de toilette. L'entablement de cette cheminée, tout sculpté de guirlandes de fleurs et de fruits, est soutenu par les robustes épaules de deux géants en pierre, armés de leurs massues. Là, dans le vieux temps, toute une nombreuse famille nobiliaire venait s'asseoir durant la veillée; les femmes filaient ou allaitaient leurs enfants; les adolescents écoutaient les vieillards qui racontaient leurs vieilles guerres, et les jeunes hommes fourbissaient leurs armes pour combattre quelque voisin querelleur. En face de la cheminée une fenêtre en ogive s'ouvre sur une terrasse voisine du mur de l'église ; ce mur, tout couvert de mousse et de plantes grimpantes, reçoit en ce moment quelques rayons de soleil ; je m'efforce d'y réchauffer mes pieds glacés par les dalles froides de la chambre, assise sur une pierre je vous écris sur mes genoux, au son des cloches qui tintent, ayant au-dessus de ma tête une étroite échancrure d'un ciel bleu où glissent quelques flocons de blancs nuages :

Vous m'avez demandé de vous parler d'Aix et de Marseille, de ces deux villes que j'aime tant, l'une où je suis née, l'autre où j'ai passé mes plus beaux jours. Suivez-moi ; nous arrivons par mer à Marseille ; je me suis embarquée à Arles ; j'ai suivi le cours du Rhône, passé son embouchure, et me voilà dans ce port de la Méditerranée, si bruyant, si gai, si animé. Malgré la fatigue de la traversée, malgré le hâle qui couvre mes joues, je veux à l'instant revoir cette ville plus belle que Paris, car elle a de plus son ciel inaltérable et sa mer sans limite où ce ciel reflète son azur. Le jour même de mon arrivée, je parcourus sans prendre haleine son port, ses rues populeuses, ses promenades; la plus remarquable de ces promenades est le *Prado*. D'élégants omnibus, plus propres, plus confortables que ceux de Paris, vous y conduisent; ils partent de la Cannebière, remontent la rue de Rome, sortent de la ville, et, après avoir roulé quelques minutes sur une route poudreuse, ils vous déposent enfin dans cette magnifique allée du Prado, plus longue que les Champs-Élysées, et d'où l'on a pour perspective la mer. Quel air pur et vivifiant, on respire là! Des chaînes de montagnes azurées se détachent à l'Est sur la transparence plus pâle du ciel; ces montagnes sont lointaines, et pourtant elles semblent à portée de la main, tant la sérénité de l'atmosphère en laisse voir la forme et les accidents; de vertes vallées serpentent à leur pied. Au nord et au midi des allées du Prado, les bastides et les châteaux se déroulent et s'échelonnent sur des pentes riantes. A l'ouest, le soleil couchant empourpre la mer sous ses rayons; bientôt ces teintes s'adoucissent, et l'on distingue au milieu des flots le fanal éclairé du phare qui signale aux vaisseaux l'approche du port. Que la mer est imposante à cette heure mourante du jour! je suis restée là longtemps en extase, puis j'ai couru sur la grève comme un enfant, mouillant mes pieds à l'écume des vagues, ramassant des cailloux et des mousses, respirant avec une sorte de volupté les senteurs marines, écoutant avec ivresse ce grand *battement* de la mer qui est pour l'âme comme un echo de l'infini. La nuit nous a ramenés à la ville; nous avons parcouru tous ces beaux quartiers éclairés au gaz, et dont le luxe n'est pas surpassé par le luxe parisien.

Le lendemain matin, malgré le vent du nord qui soufflait avec violence, j'ai voulu faire *mon pèlerinage à Notre-Dame de la Garde*; je dis *pèlerinage*, bien que je doive vous avouer, monsieur, que la vue de la mer qui allait m'apparaître là sous une autre aspect m'attirait beaucoup plus que la chapelle consacrée. A mesure que nous gravissions les allées tournantes *du cours Bonaparte*, les campagnes, la mer, la ville et le port couvert de vaisseaux se déroulaient à nos yeux; quelques navires entraient dans le port, d'autres en sortaient voiles déployées et comme heureux de s'élancer vers de lointains rivages. J'éprouvais, en les suivant du regard, un bizarre sentiment de jalousie, un invincible désir de vie errante. Le vent soulevait la mer avec violence, et ce ne fut qu'en luttant énergiquement que nous parvînmes au sommet de la hauteur où s'élèvent le fort et la chapelle de *Notre-Dame de la Garde*. J'entrai dans la nef, un prêtre disait la messe, il n'avait pour assistants que deux vieilles femmes. Là, comme à la chapelle de Fourvières à Lyon, les murs sont couverts de mauvais tableaux votifs et d'effigies en cire ; çà et là, pourtant on voit suspendus aux ogives de la voûte des dons plus précieux : ce sont des *poissons d'argent ou de vermeil*, que les marins opulents présentent à la Vierge après une traversée heureuse. La statue de *Notre-Dame de la Garde*, placée sur le maître-autel, est en argent massif, et cette image, grande comme nature, vaut *une somme énorme*, ainsi que le répètent orgueilleusement les bons Marseillais, esprits mercantiles s'il en fut; pour moi, j'aurais préféré la céleste Marie, tenant son divin fils, plus belle et un peu moins riche. Vous ne sauriez imaginer quel exécrable morceau d'art est sorti de cette masse d'argent; au lieu de la madone divine dont Raphaël nous a légué le type, l'artiste marseillais a exécuté une lourde matrone aux traits vulgaires, à l'œil farouche, au cou gonflé, et portant dans ses bras disgracieux, un petit gnome louche et tordu, qui n'a rien de commun avec le beau Jésus. Tandis qu'une telle image repousse la piété, un étrange usage rend dans cette petite église tout recueillement impossible. A côté de l'autel, derrière une espèce de comptoir, sont assis des marguilliers qui sollicitent les visiteurs et leur vendent, à très haut prix, des chapelets, de petites gravures et du pain bénit ; irrité de leurs obsessions, on est tenté, comme le Christ, de chasser les marchands du temple.

En sortant de la chapelle, nous tournâmes sur la petite terrasse du fort, d'où nous contemplâmes la mer toujours grossissante, qui frappait de ses montagnes d'écume les montagnes du rivage. La tempête était dans toute sa furie et le soleil dans tout son éclat quand nous redescendîmes à la ville.

Le vent, l'heure matinale et l'air de la mer nous avaient donné un appétit très vif. Malgré le gros temps, nous résolûmes de sortir du port et d'aller déjeuner *à la Réserve*, chez Paulicard, restaurateur renommé pour ses *bouillabaïsses* [1] et ses *clovisses* [2]. On appelle *la Réserve* une petite

---

[1] Délicieux ragoût de poissons.

[2] Coquillage préférable à l'huître.

anse de la mer, abritée par des rochers à gauche du port, vis-à-vis le fort Saint-Jean, et réservée pour la pêche des *clovisses*.

A notre demande de nous conduire hors du port, tous les vieux bateliers secouèrent la tête et refusèrent notre argent; un seul, jeune, aux bras musculeux, à la figure moresque, répondit en riant à l'offre que je lui fis en idiome provençal d'une double paye : *Ma fois, payse, puisque le cœur vous en dit, tentons la sortie!* et après nous avoir fait asseoir sur d'élégants coussins, il démarra son bateau et fendit à force de rames le labyrinthe des barques et des navires. Tant que nous fûmes dans le bassin du port, abrité par une forêt de vergues, de mâts, de cordages et de voiles, nous sentîmes à peine la violence de la tempête; mais aussitôt que nous approchâmes de la chaîne qui ferme le port, les vagues mugissantes se levèrent devant nous, opposant leur barrière aux efforts de notre frêle embarcation. Durant un instant, soit qu'il voulût éprouver mon courage, soit qu'il trouvât un étrange plaisir dans cette lutte contre les éléments, le batelier s'obstina à tenter le passage ; la barque se remplit d'écume et se pencha violemment vers l'abîme : je tressaillis involontairement ; le batelier se mit à rire. — Mon dieu, lui dis-je, je sais que tout ceci est un jeu, et que nous ne courons pas d'autre danger que celui d'être plus ou moins mouillés en rentrant dans le port ; mais, en face de ce combat impossible que nous voudrions en vain livrer à la mer furieuse, j'ai pensé tout à coup à ceux qui, perdus dans son immensité, après le naufrage d'un navire, n'ont plus pour résister à la tourmente, qu'une frêle embarcation comme la nôtre ; oh ! ce doit être horrible !

— Horrible ! horrible ! répéta le batelier, comme si ses souvenirs lui eussent tout à coup rappelé l'image qui venait de frapper mon imagination. — Ici même il y a du danger, ajouta-t-il : quelques lignes de plus et les vagues nous submergent ; voyez comme elles montent, elles atteignent presque aux meurtrières de la tour St.-Jean ; il fit prestement tourner le bateau. — Je vais vous déposer sur la chaussée à droite, vous gagnerez par terre *la Réserve*, et j'attendrai à l'abri de ce rocher que vous ayez fini de déjeuner. En quelques minutes, il nous conduisit à cette partie du port qu'il venait de nous désigner, et, après avoir côtoyé la mer une centaine de pas, nous arrivâmes au charmant restaurant de *Paulicard ;* fragile et coquette construction, qui semblait sourire insoucieuse aux menaces des vagues. Dans ce lieu chaque jour si fréquenté, nous ne trouvâmes que les maîtres du logis; aucun *touriste* intrépide n'y était venu chercher son repas du matin. Je fus presque fière de notre isolement.

On nous servit de succulents poissons et d'incomparables coquillages dans un petit salon qui s'ouvrait sur la mer; en face de nous, nous avions le fort Saint-Jean, puis le Lazaret, puis la plage d'Arem, puis les belles montagnes d'azur qui la bordent. Malgré la violence de l'ouragan, le ciel était d'un bleu vif et limpide, et le soleil versait radieux des milliers d'étincelles sur l'immensité des eaux couvertes d'une écume bondissante. Après quelques heures de bien-être et de silencieuse admiration, nous rentrâmes au port. Avant de débarquer, je voulus visiter un de ces magnifiques paquebots à vapeur qui, rasant les côtes de l'Italie, conduisent en huit jours en Grèce. L'intérieur de ces bâtiments est d'une extrême élégance. Plusieurs grandes salles, ornées avec gout, offrent à l'oisiveté des passagers des livres et des pianos. Deux ou trois cents petites *cabines*, propres, élégantes, meublées d'un joli lit, d'une chaise et d'une étroite commode, sont autant de cellules confortables où chaque voyageur se retire le soir, et durant les heures fatales du mal de mer. Tout reluit, tout est gai, tout chante sur ces beaux navires; il semble, en y posant le pied que l'insouciance et la bonne humeur de la vie libre s'emparent de l'esprit le plus sombre; là, toutes les séductions d'un poétique itinéraire vous tentent et vous attirent : on voit apparaître Gênes et ses fastueux palais, Malte et ses romantiques terrasses, le Pirée et le Parthénon. Un instant je fus tentée de me cacher à fond de cale de ce luxueux vaisseau qui faisait voile le lendemain, et ce désir, refoulé par la nécessité d'un esclavage obligé, s'offrait à moi séduisant et railleur.

Dans la même journée, quelques heures après avoir quitté le port agité, un rapide cabriolet à quatre roues nous conduisait aux Aygalades, à ce délicieux château du comte de Castellane, qui est le véritable éden marseillais. Le comte de Castellane s'est fait une réputation à Paris par l'éclat et le bon goût des fêtes qu'il donne : que serait-ce si ces fêtes pouvait avoir pour théâtre la féerique habitation que je vais vous décrire ?

Nous franchîmes le Cours ; nous passâmes la porte d'Aix, vis-à-vis laquelle s'élève un arc-de-triomphe récemment achevé, tout chargé de bas-reliefs et d'un grand nombre de statues. Les Marseillais sont malheureux dans leurs monuments; la richesse des matériaux, la profusion des ornements les séduisent plus que la forme. Dans leur arc-de-triomphe, comme dans leur statue de la vierge de la Garde, on est frappé de ce dénuement du vrai goût de l'art et du sens inné du beau. Fuyons ces pierres poudreuses et hâtons-nous d'arriver sous les ombrages des Aygalades. Marseille est entourée de fastueuses villas, d'élégantes *bastides*, mais malheureusement les routes qui y conduisent sont comme le désert qui mène aux oasis; c'est toujours un chemin couvert de poussière encaissé entre deux murs. Çà et là ces murs sont percés par des portes fermées, peintes en vert ou en gris; si quelqu'une de ces portes s'entr'ouvre, vous apercevez des massifs d'arbres, des plates-bandes de fleurs, une échappée de la mer; et vous devinez qu'à l'abri de ces hautes et tristes barrières se cache une ravissante campagne.

Au bout d'un de ces chemins couverts, nous distinguions déjà la grande grille de fer qui clôt les Aygalades, et, au travers une magnifique avenue de maronniers, lorsqu'une petite porte verte, s'ouvrit à gauche du mur blanc, un vieillard parut sur le seuil, et tout en regardant venir notre voiture qui allait au pas en cet endroit de la route montueuse, il savoura lentement une prise de tabac : sa pose, son regard, son geste, tout me rappela une personne bien connue, mais dont l'image éloignée, quoique chère, se perdait déjà pour moi dans le lointain de l'adolescence ; le vieillard lui-même me regardait attentivement, semblait me reconnaître à demi et chercher à se souvenir!... Tout à coup, quand la voiture passa devant lui, après un dernier regard échangé, nous nous écriâmes simultanément. — Mon enfant! — M. George! Et sautant lestement de notre équipage j'embrassai mon vieux maître d'écriture, l'homme le meilleur qui ait aimé mon enfance et qui m'ait donné de doux conseils et d'utiles leçons. Je croyais ne le retrouver qu'à Aix; j'ignorais que du fruit de ses économies il eût acquis, dans la campagne de Marseille (où tous les Provenceaux sont attirés par l'attraction toute puissante de la mer), une modeste petite bastide, toute parfumée d'une pépinière de roses. — Entrez ma chère enfant, entrez, me dit-il en m'attirant dans son enclos; combien je suis heureux de vous voir, je ne l'espérais plus; je craignais de mourir sans avoir pu vous dire que je ne vous avais pas oubliée, que 'avais suivi avec sollicitude vos efforts, vos travaux; chère enfant, ce jour est bien doux pour moi. — Je pressai les mains de mon vieux maître; tout en causant, nous fîmes plusieurs fois le tour du jardinet : partout des roses, rien que des roses ; toutes les variétés de l'espèce arrangées par lignées dans les plates-bandes, et çà et là quelques beaux pommiers, dont les pousses orgueilleuses chargées de fruits dominaient les arbustes odorants. — Toujours la même passion exclusive pour la rose, dis-je à M. George en souriant. — Toujours, répliqua le vieillard ; à mon âge, les goûts se continuent, ils ne changent pas. Si j'avais été encore jeune, lorsqu'on s'est mis à cultiver le dalhia, peut-être aurais-je fait une infidélité à la rose pour cette fleur, plus imposante dans sa forme, plus variée dans sa couleur : mais quand les dalhias ont paru ma vocation était fixée, la rose m'avait à jamais séduit par sa facilité à se reproduire, par le charme de son parfum, par tout ce qu'il y a en elle de grâce et de beauté ; et il continuait à parler de sa fleur bien-aimée comme on ferait d'un être aimé. Tout à coup, s'arrêtant devant un beau rosier mousseux, il en détacha un tige fleurie, et me l'offrit; je savait que c'était un sacrifice, et je fus encore plus touchée de ce don affectueux. Et votre autre passion lui dis-je, votre amour pour les hautes intelligences de Port-Royal? — Oh! toujours, toujours, s'écria-t-il avec chaleur; venez, ma fille, venez voir ces grands hommes, ces nobles amis, que vous avez peut-être trop oublié au milieu des distractions de Paris; et m'entraînant, il me fit monter les trois marches du perron de sa maisonnette d'où l'on avait en perspective la mer. Nous entrâmes dans une petite pièce qui servait à la fois de salon et de salle à manger. La fille de M. George, alerte et douce ménagère, était assise près de la fenêtre, occupée à raccommoder le linge de son père.

Cette pièce avait deux portes, dont l'une conduisait à une petite cuisine et l'autre au cabinet de mon vieux maître. C'était tout le rez-de chaussée. Au-dessus la répétition de ces trois pièces, un petit grenier et deux chambres à coucher pour le père et pour la fille. Je suivis M. George dans son cabinet : sur les murs peints en gris, d'un côté était, étagée sa bibliothèque choisie; de l'autre, suspendus sur deux rangs, les portraits de Jansénius, e Saint-Cyran, de Pascal, de Nicole, d'Arnauld, de Racine ; puis de la mère Angélique, de sœur Euphémie (nièce de Pascal), de madame de Longueville, *madame la duchesse*, comme mon vieux maître appelait toujours cette dernière; car, pour lui, tous ces personnages semblaient être des contemporains, tant il en parlait avec détail, tant il mettait de chaleur, d'enthousiasme et d'affection à faire leur éloge. Bien avant le livre de M. de

Sainte-Beuve, il m'avait initié à la destinée de Port-Royal ; il s'était plu à nourrir mon adolescence du récit des miracles, des persécutions, des grandes œuvres de cette célèbre abbaye. Il parlait du miracle de la Sainte-Épine comme s'il l'avait vu. En nommant Pascal, il disait *monsieur Pascal*, et se découvrait avec respect. A Aix, M. George avait été surnommé *le janséniste*, et, loin de s'en défendre, il en était fier ; un de ses plus grands griefs contre la restauration avait été le rappel des jésuites. Je crois que cet amour de Port-Royal fut d'abord un culte de famille légué de père en fils ; mais, dans l'esprit cultivé de M. George, cette foi transmise s'était enflammée à tous les sentiments d'admiration que lui inspiraient le génie de Racine et celui de Pascal. Se trouvant à Paris à l'époque de la terreur, il avait pu réunir, dans ce temps de délapidation des grandes fortunes, les portraits contemporains des grands hommes de Port-Royal, des livres annotés par eux et des autographes de leur main; que de fois, lorsque j'avais été attentive à ses leçons de grammaire il me montrait pour récompense un de ces vieux volumes qui lui étaient si chers, m'en lisait quelques pages, me les commentait, s'indignait contre les jésuites, et me prouvait, par des arguments irrésistibles, le bon droit des jansénistes; je pénétrais très-peu alors le fond de ces questions, mais j'étais toute séduite par la forme que leur avait donné Pascal. En me retrouvant en face de ces portraits et au milieu de ces livres, qui tous avaient passé par mes mains, je crus sentir renaître mon adolescence; j'en vins à rappeler à M. George tous les souvenirs de ce doux temps écoulé. En m'écoutant, il se leva et m'engagea à continuer ma promenade aux Aygalades. — J'y vais moi-même chaque jour, me dit-il, pour découvrir la vue de la mer, plus étendue que celle dont je jouis ici. Prenez mon bras, nous causerons en marchant. Nous franchîmes la petite porte de son enclos, et bientôt nous nous trouvâmes sous la royale avenue des Aygalades, dont les vieux arbres forment une voûte sombre impénétrable aux rayons du soleil. — Vous souvenez-vous, cher maître, lui dis-je tout en avançant, de cette grande cour de l'hôtel de mon père où nous nous asseyions à l'ombre des beaux arbres de Judée, dont les rameaux empourprés pendaient sur nos têtes comme des branches de corail? Que de grandes et tragiques histoires vous m'avez racontées là ; vous ranimiez pour moi les traditions et les chroniques de la Provence ; le premier, vous m'avez narré avec des formes dramatiques le crime du président d'Entrecasteaux ;

puis des catastrophes plus récentes, qui s'étaient passées sous vos yeux, de grands attentats et de nobles dévouements ; c'est vous qui m'avez fait aimer Charlotte Corday; vous l'aviez vue, me disiez-vous, marcher au supplice riante, belle, résignée; et elle s'est présentée ainsi à moi, ranimée par votre souvenir, quand j'ai voulu la peindre dans mes vers.
— Ah! ce fut là aussi une sainte, s'écria M. George, non selon l'église, mais par son dévouement à ses semblables et par cet enthousiasme du bien qui découlent aussi de la foi chrétienne.

— Il est un autre drame, repris-je, qui se présente souvent à mon imagination; c'est celui dont je vous demandais avidement les détails lorsque, toute petite fille, je vous voyais chaque jour venir lire, sur les bancs de la cour, le journal qui renfermait les débats de ce procès sanglant! — Que voulez-vous dire? murmura M. George en tressaillant tout à coup. — Mais le procès de Fualdès! — Il me regarda d'un air étrange; puis, tremblant de tous ses membres, il ajouta : — Vous êtes jeune et forte, mon enfant, et vous ne savez pas que certaines émotions peuvent faire mourir un vieillard; oublions les hommes, leurs passions et leurs crimes, et jouissons de la nature si fraîche, si séduisante dans cette délicieuse campagne, par ce beau jour d'automne. Il s'efforça de sourire; mais son visage ne recouvra pas l'expression de contentement dont il s'était empreint depuis notre rencontre ; tandis qu'il restait rêveur et preoccupé, nous étions arrivés au bout de l'avenue.

Le château des Aygalades n'est point un fastueux et régulier bâtiment ayant la prétention d'imiter quelque maison royale, c'est mieux que cela : c'est une romantique habitation entourée des plus gracieux caprices de l'art et de la nature. Au nord, dans ses bosquets, ce sont des kiosques, des chalets, des statues, des saules pleureurs se reflétant dans d'étroits ravins à l'onde murmurante. Au midi, dans ses vastes jardins, les pièces d'eau, les cascades, les prairies en miniature, les massifs des fleurs les plus rares, les haies sauvages, les arbres centenaires enserrés d'arbustes parfumés, se mêlent, se confondent, défient la description, et forment un ensemble enchanteur et toujours nouveau. De la terrasse de cette riante demeure on domine toute la campagne marseillaise. La ville, le port, apparaissent à gauche; la mer, sans rivages comme le ciel, se déroule dans tout l'horizon; quoiqu'à une lieue de distance elle semble, ainsi qu'un bassin d'azur, baigner les limites des jardins. Quand nous arrivâmes aux Aygalades, le vent, qui le matin soufflait avec tant de violence, était tout-à-fait tombé. De loin, les vagues, encore agitées, paraissaient calmes et limpides ; le soleil, qui commençait à décliner, les colorait de teintes prismatiques.

Quel incomparable spectacle ! quelles heures de délices on pourrait passer là, assis sur un banc de marbre ou de gazon, abrité par les massifs de jasmins et de roses, ou bien encore étendu dans une de ces petites grottes mystérieuses, asile de quelque divinité mythologique, où la lumière ne pénètre que voilée par un rideau de fleurs, mais d'où l'œil embrasse pourtant le splendide panorama de la vallée, de la mer et du ciel ! Je me reposai dans une de ces grottes ; mon vieux maître se plaça près de moi sur un siège formé de coquillages. Il restait toujours sombre et silencieux. —

—Quelle ombre a passé sur votre esprit? lui dis-je, voyons, cher maître, chassez toute image noire; pour moi, en face d'un pareil spectacle, je me sens disposée à une ineffable sérénité de cœur. — Le monde extérieur ne peut rien sur certains souvenirs, me dit-il. — Peut-être en me parlant de ce qui vous attriste votre âme en sera moins affectée. — Curieuse! répliqua-t-il avec un sourire. — Oui, toujours curieuse et avide de récits, et en ce moment, mieux que jamais, quelque histoire bien terrible ou bien tendre me charmerait. Il me serait si doux de regarder autour de moi et d'écouter sans rien dire. — Eh bien! je parlerai, dit-il, comme en faisant un effort et en étant entraîné malgré lui; aussi bien ces souvenirs m'obsèdent, j'ai besoin de les répandre dans une autre âme qui s'y attache et qui en souffre à son tour :

I

J'ai habité Paris dans ma jeunesse, j'y ai fait mes études; je m'étais lié dès mon enfance avec un homme dont je ne vous dirai pas le nom; si la suite de mon récit vous le fait deviner, gardez le silence : ce nom je ne puis, je ne veux pas l'entendre prononcer. Je nommerai mon ami Philippe : autant j'étais rêveur et studieux, autant il était riant et léger; beau garçon, diseur aimable, esprit facile, il aimait la vie, la fortune, l'amour. A dix-neuf ans, nous sortîmes tous deux du collége; lui fut destiné par sa famille à la magistrature, et moi je continuai à étudier librement pour me créer une carrière indépendante. Nous nous voyions souvent : sa nature expansive me captivait, comme un contraste à la mienne toujours prédisposée au recueillement. Chaque année, durant les vacances, nous faisions ensemble un petit voyage.

Une année, c'était en 1790, nous voulûmes voir la Normandie; Rouen m'attirait : *monsieur Pascal* et sa famille avaient habité cette ville, il me semblait que j'y découvrirais des vestiges de leur séjour. Philippe, me laissant le soin d'explorer le passé, se livrait tout entier aux joies du présent; il avait l'esprit chevaleresque et aventureux; quoique très positif dans ses amours, il cherchait dans toute aventure le charme de l'imprévu.

J'aimais avec passion la campagne de Normandie, et il ne refusait pas de m'y suivre; chaque village, chaque métairie, lui offraient quelque beauté champêtre qu'il trouvait piquante de courtiser. Un jour, après une longue excursion à travers les belles prairies bordées de pommiers qui sont la richese de ces contrées, nous arrivâmes près d'un hameau nommé les Ligneries. Bâti sur les rives d'un grand et clair ruisseau ombragé de beaux arbres, ce petit village avait l'air heureux et tranquille; hors de ses murs, à gauche, était une immense pièce de sainfoin où paissaient trois belles vaches blanches; le ruisseau, dans sa fuite entourait cette terre d'une ceinture argentée, une haie touffue indiquait son cours. Au midi de ce grand pré, une courte allée de pommiers robustes tout chargés de fruits dorés conduisait à une petite maison dont nous apercevions à travers les arbres la toiture mousseuse. C'était par une matinée de septembre; le ciel n'avait pas un nuage, l'air était d'une chaleur tempérée, la nature semblait reposer autour de nous; on n'entendait que le petit bruit de la mâchoire agile des trois vaches qui coupaient et dévorait prestement le sainfoin. Nous approchions de la tranquille habitation lorsque au pied d'un des beaux pommiers de l'avenue nous aperçûmes une jeune fille assise qui lisait; comme nous marchions sur un sol gazonné elle ne nous entendit point venir, et nous pûmes l'examiner sans être vus : elle portait une robe de toile rose qui se détachait riante sur le gazon vert et, s'harmoniait parfaitement avec son teint animé par la jeunesse et la santé ! un fichu de mousseline blanche couvrait son sein; sur ses genoux reposait un chapeau de paille et un gros bouquet de roses fraîchement cueillies. Les milles boucles de ses abondants cheveux châtains se jouaient sur son front pensif et sur son col penché. Ses yeux baissés avaient les plus longs cils que j'ai vus. Tous ses traits étaient nobles et grands, de race normande, mais distinguée. Quand nous fûmes en face d'elle, elle leva la tête, répondit à notre salut par un gracieux sourire et fixa sur nous ses yeux d'un bleu sombre, les plus beaux, les plus intelligents du monde; puis, fermant son livre, elle se leva, et nous dit avec bonté : — Vous êtes des voyageurs, vous paraissez fatigués par la marche si vous voulez entrer vous reposer chez nous, mon père et mon frère vont revenir de la chasse, ils seront heureux de vous offrir quelques heures l'hospitalité. Nous la suivîmes, elle marchait devant nous élégante et légère. Sa taille élevée était pleine de noblesse. — J'en suis amoureux fou, me dit tout bas Philippe ; — moi je n'avais pas de parole; mais j'étais ravi. La petite maison dans laquelle nous entrâmes ne nous aurait paru qu'une chaumière, si au-dessus de la porte cintrée un écusson d'armoiries sculptées ne nous avait annoncé la demeure d'un pauvre gentilhomme de campagne. La jeune fille nous introduisit dans une salle du rez-de-chaussée où une enfant, qu'elle nomma sa sœur, était occupée à coudre. Deux grands portraits suspendus aux murs nus, des fusils de chasse, quelques fauteuils en jonc, une table servant aux repas, des rideaux blancs, formaient tout l'ameublement de cette pièce. La fenêtre qui l'éclairait s'ouvrait sur l'avenue de pommiers et avait pour perspective bornée la grande prairie. — Voici nos vaches qui reviennent du pâturage, nous dit la jeune fille ; à défauts de mets recherchés, nous pourrons du moins vous offrir d'excellent lait. Quelques instants après, une vieille paysanne, qui avait poussé les trois vaches vers l'habitation, entra dans la salle portant une jatte de lait écumant. — Marthe, lui dit la jeune fille, nos chasseurs ne peuvent tarder à revenir, servez la table, mettez les couverts de ces messieurs, ils déjeuneront avec nous. Et tandis que la vieille Normande, qui paraissait l'unique domestique de la famille, couvrait la table de fruits, de viandes salées et de laitage, nous faisions connaissance avec notre belle hôtesse. Mon ami avait nommé sa famille riche et honorée; il déclinait ses titres à une hospitalité aimable; avec assez de fatuité et comme un homme sûr de lui-même il adressait à la jeune fille des compliments qu'elle écoutait d'un air indifférent. Pour moi, tout captivé par ce tableau d'une vie de famille pure et tranquille, qu'elle animait de sa présence, qu'elle embellissait de sa beauté, je me recueillais dans mes sensations. Elle avait déposé sur une chaise le livre que nous l'avions surprise lisant; profitant d'un moment où elle ne m'observait point, je pus en regarder le titre : c'était le *Contrat social* de Rousseau. Je laissai échapper une exclamation de surprise. Quoi! cette simple fille, si jeune et si belle, cachée dans une solitude champêtre, s'inter-

ressait aux graves questions qui préoccupaient alors la société ! J'osai lui exprimer mon étonnement ; elle me dit en souriant :
— Seriez-vous de ceux qui renvoient les femmes à leur aiguille et à leur fuseau ? Pourquoi voudriez-vous nous dérober la connaissance de ces beaux sentiments, de ces généreuses utopies qui feront un jour le bonheur de l'humanité. Et alors, avec une éloquence naïve et passionnée, elle me parla de Raynal, de Montesquieu et de Rousseau, ses trois auteurs favoris. Mon ami paraissait contrarié de la tournure qu'avait prise la conversation, car il était alors tout-à-fait oublié. Tandis que nous causions ainsi, les aboiements de deux chiens nous annoncèrent le retour des chasseurs ; nous nous levâmes. La jeune fille marcha à la rencontre de son père, et lui dit quelques mots pour nous annoncer. Il vint à nous, et il nous salua cordialement. C'é-

tait un homme d'une cinquantaine d'années, maigre et d'une haute stature; son visage était triste et noble; toute sa personne pleine de dignité. — Ma fille Charlotte a bien fait, nous dit-il en nous reconduisant dans la salle, de vous offrir de partager notre frugal repas, et, si une journée de campagne ne vous épouvante pas, je vous propose, comme une compensation à ce triste déjeuner, de faire honneur, en dînant avec nous, au produit de notre heureuse chasse. En parlant ainsi, il tira de sa gibecière cinq à six perdrix grises et une douzaine de poules d'eau qu'il remit à la vieille servante. Nous nous étions rangés autour de la table, et, durant le déjeuner, je voulus reprendre avec Charlotte la conversation que l'arrivée des chasseurs avait interrompue; elle me fit alors du coin de l'œil un petit signe que je ne compris pas; je continuai avec maladresse.

— Ah! ah! me dit le père en souriant, ma fille vous a fait part de ses idées creuses, de ses espérances de rénovation sociale; ces fous de *philosophes* qu'elle lit toujours lui ont tourné la tête; et, non contente d'être la fille sans dot d'un pauvre gentilhomme ruiné, elle rêve un état d'égalité parfaite qui nous mettrait entièrement sur la paille. — Non, mon père, dit la jeune fille d'une voie claire et douce, notre modeste position est à l'abri du malheur que vous redoutez; la révolution qui doit se faire en faveur du peuple ne peut atteindre ceux qui vivent humblement et pauvrement comme le peuple. — Merci du parallèle, répliqua le gentilhomme en relevant fièrement la tête; grâce au ciel, ma fille, votre père, Jacques-François de Corday d'Armont, n'a rien de commun avec la populace dont vous rêvez l'émancipation, et j'espère bien que votre frère, en loyal serviteur de son roi, ira refaire à la cour notre fortune délabrée. Le jeune homme, jusqu'alors silencieux, répondit à son père par des protestations d'obéissance; il était, comme lui, imbu des vieilles idées nobilières et n'avait de sa sœur que les traits fiers et distingués. — La pauvreté n'est pas un vice, reprit la jeune fille d'un ton simple et décidé; elle nous élève, au contraire, en nous faisant mieux comprendre les misères de nos semblables et en nous disposant à y compatir. Voyez nos aïeux, Pierre et Thomas Corneille [1], ajouta-t-elle en désignant les deux portraits suspendus aux murs, ils étaient, comme nous, indigents, en sont-ils moins pour cela de grands hommes? — Sans doute, sans doute, murmura le gentilhomme; mais,

[1] La mère de Charlotte Corday descendait en ligne directe de la sœur de Corneille.

malgré le respect que je porte à leur génie, je ne puis m'empêcher de leur en vouloir un peu d'avoir, par leurs tragédies républicaines, mis dans votre tête une foule de maximes opposées à mes principes : feue votre mère pensait comme vous, et cela a souvent été un sujet de querelle entre nous. La jeune fille se leva et embrassa tendrement son père comme pour lui fermer la bouche. Le gentilhomme se dérida sous ses caresses; et, le déjeuner étant terminé, il nous engagea à parcourir son fief. — Il n'en est pas de plus pauvre dans toute la Normandie, ajouta-t-il en souriant tristement. En effet, tout le domaine du chevalier de Corday d'Armont se composait de cinq à six prairies bordées de pommiers, semblables à celle que nous avions traversée; et la double récolte du cidre et du foin donnait pour unique revenu à la noble famille une modeste rente de quinze cents francs. Nous passâmes là une de ces belles journées qu'on n'oublie jamais, et qui se détachent comme un tableau riant et rare sur les tristes jours sans nombre que l'on traîne dans la vie. Mon compagnon était d'une gaîté folle; la beauté de la jeune Charlotte l'enivrait; il jouissait du bonheur des heures présentes comme si elles devaient durer toujours. J'étais près de lui, triste et silencieux et tout pénétré d'une émotion douce. — Le soir, quand il fallut prendre congé de nos hôtes, le visage de Philippe se troubla, je vis des larmes dans ses yeux. Je fus obligé de le raffermir. Au moment des adieux, Charlotte vint mettre dans nos havre-sacs de voyage de belles pommes dorées qu'elle avait cueillies elle-même, et, en repassant dans l'allée où nous l'avions trouvée le matin, je fus assez heureux pour pouvoir dérober sans être vu le bouquet de roses qu'elle avait laissé sur le gazon. Je l'ai encore, ajouta M. George avec émotion : c'est une relique qui ne m'a pas quitté. Les pepins des belles pommes qu'elle nous avait donnés furent aussi conservés par moi, et, dussiez-vous ne pas me croire, je vous dirai que, par une filiation d'horticulture qu'il serait trop long de vous expliquer, les pommiers que vous venez de voir dans mon enclos en sont issus.

Quand nous fûmes à quelques pas du hameau des Ligneries, mon ami se jeta dans mes bras en sanglotant. Je n'irai pas plus loin, me dit-il, j'aime cette femme, je veux demeurer ici, la voir chaque jour et m'en faire aimer; je combattis cette idée comme insensée; et, à force de raisonnements et d'instances, je le décidai à me suivre à Argentan, petite ville voisine où nous devions coucher. Nous trouvâmes là une lettre de son père qui le rappelait à Paris ; il fallut obéir, et bientôt les distractions du monde semblèrent avoir effacé de l'âme de Philippe le souvenir de la jeune fille de Normandie.

En prenant congé de nous, le chevalier de Corday d'Armont nous avait fait promettre de venir le revoir si le hasard nous ramenait dans le pays, et nous avions résolu, mon ami et moi, de hâter ce retour. Mais nos études, les affaires, les préoccupations politiques, l'incertitude de la vie dans un temps où toutes les positions allaient être mises en question, nous empêchèrent de réaliser ce désir que nous gardions au fond du cœur pour de meilleurs jours.

II

Trois ans s'étaient écoulés : nous étions en pleine terreur, toute ma famille était morte ou dispersée ; que faire ? que devenir ?

comment vivre avec mon esprit rêveur et timide, très impropre à m'ouvrir une carrière? Philippe, lancé dans les affaires et le mouvement du temps, avait des amis dans la Convention; il était lui-même un chaud jacobin, membre du jury révolutionnaire qui, quelques mois plus tard, se changea en tribunal permanent. Il exerçait dans l'intérieur du Palais-de-Justice une certaine autorité. Il sollicita pour moi une petite place d'huissier; j'eus la faiblesse d'accepter. Combien de spectacles sanglants devaient passer sous mes yeux et se transformer plus tard en remords pour torturer ma vie! Si j'avais été plus courageux, plus fort, si en moi le penseur n'avait pas tué l'homme d'action, je me serais jeté dans nos armées, j'aurais cherché dans le métier de soldat un asile et du pain. Hélas! je n'étais qu'un pauvre esprit creux, il fallait vivre, et j'acceptai lâchement l'emploi que Philippe me donna. Que de nobles et belles victimes je vis marcher au supplice! que de fois, assis silencieux au milieu du jury redoutable, j'entendis retentir ce mot terrible : *la mort!* répété de bouche en bouche comme l'écho d'une sentence inévitable! A part cet affreux spectacle qui m'enchaînait à la réalité sanglante, je vivais très peu dans le présent; je fuyais les clubs, les lieux publics, je ne lisais jamais les journaux, je ne voyais plus Philippe dans l'intimité. La culture des fleurs et mon commerce avec les grands hommes de Port-Royal me formaient une espèce de retraite où je me retirais. J'habitais un quartier désert. Pourtant un soir, tandis que j'arrosais mes fleurs sur la terrasse en toiture de la maison où je logeais, la voix d'un crieur public monta jusqu'à moi : il annonçait l'assassinat de Marat ; il disait qu'une femme l'avait frappé. J'écoutai, et je ne compris que vaguement. Le lendemain, je fus mandé au tribunal de bonne heure. Quand j'arrivai, le jury était déjà au complet. Philippe en faisait partie ! L'ACCUSÉE parut ; je laissai échapper un cri perçant : c'était elle! c'était la jeune fille des Ligneries, Charlotte de Corday d'Armont. Je regardai Philippe : il était d'une pâleur effrayante ; il tremblait de tous ses membres et tenait les yeux baissés. Je fus à lui ; je le secouai vivement : — Mais c'est elle! lui dis-je. Vous ne pouvez participer à sa mort. Qu'allez vous faire ? — Je ne sais, murmura-t-il faiblement. — Sortez, lui dis-je, fuyez ! — Eh! le puis-je, maintenant qu'on m'a vu ici ? Le tribunal entra en séance, je fus contraint de reprendre ma place. Tant que l'interrogatoire de Charlotte dura, sa beauté, que l'héroïsme rendait divine, son regard, son geste, sa voix, me retinrent immobile. Chacune de ses fières réponses me causait une satisfaction enthousiaste qui me faisait presque oublier le sort qui l'attendait; mais quand les paroles de la victime eurent fait pâlir ses bourreaux, et que, maîtres de sa destinée, ils se préparèrent à prononcer son arrêt, je me tournai vers Philippe: il évitait mon regard, ses doigts crispés pressaient convulsivement le siége sur lequel il était assis, son visage était livide. En ce moment une vielle jouait l'air du *Ça ira* dans la cour du palais de justice. Le jury, sans lever la séance, délibéra un instant pour la forme, puis chaque membre eut à prononcer. Tous ceux qui votèrent avant Philippe dirent d'une voix ferme : la MORT! Quand son tour arriva, je le tenais sous mon regard, j'écoutais par l'âme, mes oreilles sifflaient, j'étais chancelant. — Eh bien? — Eh bien! comme les autres, il dit :

La mort! Je n'entendis plus rien ; je tombai le visage contre terre. Quand je revins à moi, on emmenait la condamnée. Je ne sais si elle nous avait reconnus, mais il me sembla qu'en sortant elle nous jetait un regard de mépris.

Le soir même je quittai Paris. J'errai quelque temps dans divers départements, puis je me retirai à Aix, d'où ma famille était originaire ; c'est alors que je commençai à donner des leçons de grammaire et d'écriture.

III

Quatorze ans s'écoulèrent; je ne revis jamais Philippe, pourtant je n'avais pas perdu ses traces. Sous l'empire, il entra dans la magistrature ; sous la restauration il monta en grade et fut nommé premier magistrat d'une ville du midi. Un matin, en ouvrant mon journal, j'y lus un épouvantable récit ; un homme avait été assassiné, son agonie avait été horrible ; on avait épuisé sur lui toutes les lenteurs du meurtre, toutes les tortures infligées aux suppliciés du moyen-âge. Cet homme, on l'avait attiré dans une maison infâme; il y était entré croyant y trouver une abjecte, mais séduisante créature, que je vis plus tard, et dont l'étrange ressemblance avec la jeune fille des Ligneries me frappa d'un douloureux étonnement. Il était entré là, malgré son âge et tout un passé qui aurait dû le rendre grave; et, au lieu de quelques heures d'ivresse, il rencontra la mort, la mort hideuse, la mort qu'on voit venir irrévocable et sanglante.

Ses assassins bâillonnèrent sa bouche, l'enchaînèrent sur une table et le frappèrent de plusieurs coups de poignard. Devant la porte de l'ignoble demeure passaient et repassaient des joueurs de vielle exécutant un air rapide et monotone qui couvrait les soupirs de la victime; une horrible mégère, la matrone du lieu, battait son sang écumant dans un baquet, et le donnait à boire à ses pourceaux, en faisant des plaisanteries obscènes : cette furie rappelait à l'agonisant les *furies de la guillotine*. Les enfants de cette femme, enfermés dans un cabinet voisin, recueillaient les détails de cet effroyable drame ; quelque temps après je pus les interroger et ils m'ont dit qu'ils crurent entendre une parole étouffée de la victime, et qu'en expirant elle murmura le nom de Charlotte. Quand le cadavre fut refroidi on fut le jeter à la rivière.

— Ah ! m'écriai-je involontairement, ce juge de Charlotte Corday, cet homme assassiné, c'était Philippe, c'était... — Silence, me dit M. George d'un ton d'autorité, et en posant sa main sur mes lèvres, je vous ai demandé de ne pas le nommer. — Il se tut, et durant quelques minutes, tout entière à l'émotion qu'il venait de faire naître en moi, je restai immobile, la tête inclinée.

A l'air frais qui pénétrait dans la grotte, je m'aperçus que les dernières lueurs du crépuscule allaient faire place à la nuit. Nous nous levâmes, et, sans nous parler, nous traversâmes rapidement le jardin et l'avenue des Aygalades. Ma voiture m'attendait près de l'enclos de M. George; avant de m'aider à y remonter, mon vieux maître me pressa paternellement dans ses bras. — Adieu, ma fille, me dit-il d'un ton attendri; ne m'oubliez pas, vos lettres, votre souvenir me seront une grande douceur dans le peu de jours qui me restent à vivre. Je lui promis de lui écrire, et, m'éloignant à regret de ce vieil ami, je repris la route de Marseille.

Le lendemain j'étais à Aix, dans cette ville [1] autrefois si brillante, si animée, si folle, veuve aujourd'hui de son parlement, de sa noblesse et de ses plaisirs; enceinte

---

[1] Que j'ai décrite ailleurs dans la *Jeunesse de Mirabeau* et le *Président d'Entrecasteaux*.

morne et déserte, mais que j'aime pourtant, car j'y suis née, et j'y ai laissé la tombe de mon père. Beaucoup de personnes qui me furent chères étaient absentes de la ville quand j'y arrivai. Hélas! d'autres n'existaient plus! Les amis, les parents que j'y retrouvai me firent le plus gracieux accueil. Le sous-préfet, le maire, qui m'avait vue tout enfant, M. Rouard, bibliothécaire de la ville érudit, patient, qui a fait de la bibliothèque d'Aix une des plus rares de France; M. Roux-Alpheran, l'homme qui sait le mieux l'histoire de la Provence, ses vieux usages, ses traditions; M. Constantin Gazinski, écrivain distingué, un de ces Polonais pour qui notre pays est presque devenu une patrie et qui paient l'hospitalité de la France par l'hommage de leur talent tout Français. d'autres encore m'accompagnèrent dans mes courses rapides à travers ma ville natale, dont je voulus revoir chaque rue, chaque promenade, chaque monument.

M. Rouard me conduisit d'abord à la bibliothèque; j'y déposai un volume de mes poésies complètes, que ma ville natale m'avait demandé, et je traçai sur la première page les vers suivants :

Sur les bancs studieux de la salle tranquille
Où ce livre aujourd'hui va trouver un asile,
Lorsqu'au bras de ma mère, enfant, j'allais m'asseoir,
Mon cœur battait déjà d'un poétique espoir :
Tous ces écrits fameux, immortel héritage,
Que le génie humain nous lègue d'âge en âge,
A la gloire semblaient me convier aussi.
Je me disais : Un jour j'aurai ma place ici !
Mon âme qui fermente ignorée, inquiète,
Un jour éclatera dans des chants de poëte;
Et dans ces mêmes lieux où je rêve à l'écart,
Des succès que j'envie alors j'aurai ma part !

L'illusion est sainte et sied à la jeunesse;
Hélas ! que serions-nous sans cette enchanteresse !

Si sa voix en naissant ne nous soutenait pas,
Nous irions dans les pleurs de la vie au trépas.
Des plus nobles instincts que Dieu mit dans notre âme,
L'illusion allume et fait grandir la flamme ;
L'humanité lui doit ses élans généreux,
Et le cœur qui la perd a cessé d'être heureux !

Jeune, l'esprit frappé par le néant des choses,
J'ai senti succéder, tristes métamorphoses !
Au mirage éclatant qui m'attirait d'abord,
Le désenchantement, rivage au sombre bord,
Funestes régions, de deuil toujours couvertes,
Où l'âme, en s'avançant, compte et pleure ses pertes,
Où tout ce qu'elle aima devient cendre et débris,
Où l'amour et la foi ne trouvent plus d'abris,
Où le désir ardent de la gloire a fait place
A la froide raison qui comprend que tout passe ;
Que le plus grand éclat, comme le plus grand bruit,
S'apaise dans la mort et s'éteint dans la nuit !
Lorsque l'homme en est là, nul succès ne l'enivre.

Oh ! mes concitoyens, mon âme est dans ce livre ;
Lisez-le, vous verrez que je n'ai point jeté
Un appel orgueilleux à l'immortalité.

La gloire, cet écho que l'avenir emporte,
Est déjà dans mon cœur une espérance morte :
Je vois s'avancer l'ombre et je pressens l'oubli !
Mais avant que mon nom y tombe enseveli,
J'évoque du passé les touchantes images.
Vous qui m'avez connue, oh ! vous lirez ces pages !
Vous chercherez l'enfant dans le poète ; eh bien !
Vous le retrouverez plein de foi dans le bien,
Jetant les cris hardis d'une âme généreuse,
Sans guide s'élançant dans l'arène orageuse,
Luttant avec courage, et parfois triomphant !
Le poète a gardé les instincts de l'enfant !
Il a su conserver, malgré tant de blessures,
Un cœur toujours aimant, des lèvres toujours pures ;
Et pour ceux dont la haine a fait ses jours amers
Vous trouverez encor le pardon dans ses vers !

Souris à mon retour, ô ma ville natale ;
Ce livre, c'est vers toi mon âme qui s'exhale ;
C'est moi qui te reviens pour ne plus te quitter ;
Ces chants de ton enfant tu vas les adopter ;
Et quand je dormirai dans la tombe enfermée,
Seule tu garderas ma frêle renommée.

Dans la plus grande salle de la bibliothèque sont les bustes de la plupart des hommes éminents qu'Aix a vu naître.

Je les saluai en passant, je regardai avec attendrissement le visage triste et doux de Vauvenargue, de ce moraliste mort si jeune, mais je ne pus m'empêcher de lui en vouloir encore d'avoir si mal compris Molière et de l'avoir si faiblement jugé. A quoi bon vous parler des grandes gloires du pays que tout le monde connaît? Parmi les renommées plus frivoles, il en est une qui caractérise l'époque où elle s'éleva : c'est celle du marquis d'Argent, courtisan et bouffon du grand Frédérick de Prusse, qui passa sa vie à faire la cour à des actrices, et finit par en épouser une; auteur facile d'un grand nombre d'ouvrages oubliés et d'un petit volume de mémoires et de lettres qu'on lit encore, et où l'on trouve une certaine verve d'esprit.

En sortant de la bibliothèque, je visitai Saint-Sauveur, cathédrale gothique dont le petit cloître est un diminutif du cloître de Saint-Trophime d'Arles. Je voulus aussi revoir l'ancien hôtel de Marianne, tout peuplé pour moi du souvenir de Mirabeau et de sa femme, et où d'autres souvenirs m'appelaient encore. C'est dans les salles de cet hôtel, devenu un pensionnat de jeunes filles, que tout enfant j'avais appris à lire; je revis ces vastes pièces au plafond doré, où la comtesse de Mirabeau donnait des fêtes pendant que son mari languissait en prison; son boudoir tout couvert de peintures érotiques, son petit salon aujourd'hui transformé en chapelle, et où une foule d'amours sculptés qui couvrent la voûte sont présentés aux jeunes filles pures, comme des anges qu'il faut adorer; j'aurais voulu retrouver là mon ancienne maîtresse, la bonne mademoiselle Arsène Icard, qui eut tant de peine à diriger mon enfance mutine ; son absence m'attrista ; j'ai su depuis qu'elle avait partagé mes regrets. Je vis encore l'ancien hôtel de mon père, aujourd'hui habité par le sous-préfet. Là, j'évoquai longtemps son image tendrement respectée ; puis, je fus au cimetière pleurer sur sa tombe, avec ma vieille nourrice qui était accourue d'une campagne lointaine pour m'embrasser. J'aurais voulu passer plusieurs jours à Aix ; mais ma fille, la plus chère part de moi-même, ne m'avait pas suivie et son souvenir me disputait aux souvenirs de mon berceau. Je partis malgré les tendres reproches de mes amis qui m'escortèrent jusqu'au dernier moment ; quand les chevaux s'élancèrent, je sentis un serrement de cœur inexprimable ; le riant passé de l'enfance s'évanouissait une dernière fois pour moi. Je restai longtemps silencieuse et attendrie.

Tandis que la voiture fuyait avec rapidité, la nuit s'était levée brillante d'étoiles ; mes compagnons de voyage dormaient ; rien ne troublait l'ineffable rêverie qui s'emparait de mon cœur ; alors, comme autant de voix intérieures, les sensations diverses que j'avais éprouvées me dictèrent ces vers que j'adressai le lendemain à mes amis :

RETOUR A AIX.

I.

O doux temps regretté d'une jeunesse éteinte,
    Allez-vous revenir?
Chaque pas que je fais dans cette chère enceinte
    Éveille un souvenir !

C'est ici que mon cœur, s'ouvrant à la pensée,
    Souffrit avant le temps ;
C'est ici que la Muse en naissant m'a bercée
    De songes éclatants.

Sous le dôme empourpré des arbres de Judée,
  Dans cette vaste cour,
Par des pleurs ou des vers mon orageuse idée
  Débordait tour à tour.

Passons le corridor, voici le jardin sombre
Où le toit paternel est clos par un vieux mur,
Là, l'orme séculaire abritait de son ombre
  L'enfant poète obscur !

Au pied de ce tronc noir je suis encore assise ;
Le bel arbre est toujours de rameaux verts chargé ;
Je sens comme autrefois le souffle de la brise...
  Pourtant tout est changé !

  Dans cette demeure,
  Oh ! vous que je pleure,
  Je vous cherche ; hélas !
  Ombres bien aimées,
  Ces portes fermées
  Ne s'ouvrent donc pas !

  Tristement j'avance ;
  Partout le silence
  Ou bien l'étranger,
  L'étranger qui passe,

Et dont l'œil de glace
Vient m'interroger !

« Qui donc cherche-t-elle ? »
O douleur mortelle !
Tout s'efface ainsi...
Ma famille entière
Dort au cimetière...
Je suis seule ici !

II

Mais tandis qu'ici-bas notre âme inconsolable
Saigne et porte le deuil de tout ce qui périt,
A nos regards charmés la nature immuable,
  Toujours jeune, sourit.

Voici le frais vallon où serpente la Torse [1],
Où le tremble argenté porte sur son écocre,
  Des chiffres amoureux...
Ces flots forment encor de gracieux méandres,
Ces bois verts sont restés peuplés d'images tendres,
Ces côteaux ont gardé leurs contours vaporeux.

[1] Petite rivière qui arrose la campagne d'Aix.

Les bastides, avec leurs toits coquets d'ardoises,
Parent leur seuil riant prêt à nous recevoir ;
Et dès l'aube, en chantant, les brunes villageoises
    Lavent au blanc lavoir.

III

Il est un autre lieu pour moi toujours le même,
C'est l'église où mon front a reçu le baptême,
    C'est mon vieux Saint-Sauveur
Au gothique portail couvert de figurines ;
Là, la prière et l'art, ces deux langues divines,
    Parlèrent à mon cœur !

J'aimais l'enlacement de ces sveltes ogives,
Le beau temple païen sous la nef abrité [1],
L'orgue religieux dont les notes plaintives
Semblaient porter mes vœux à la Divinité.

Oh ! laissez-moi pleurer, rêver, prier encore,
Comme aux jours écoulés de cette pure aurore

---

[1] Six colonnes de *porphyre* d'un beau petit temple payen, enfermé dans les constructions de l'église de Saint-Sauveur, servent aujourd'hui d'enceinte au baptistaire.

Qui ne revient jamais !
Au passé laissez-moi rendre un pieux hommage,
Et repeupler ces lieux de la vivante image
De tous ceux que j'aimais.

IV

Où me conduisez-vous, en me parlant de gloire?
Que cette salle est belle ! ici l'esprit humain
Semble, à notre néant opposant sa victoire,
Tracer de siècle en siècle un lumineux chemin.

Ces livres, sanctuaire où revit la pensée,
De tout ce qui fut grand gardent le souvenir.
Couvrant de leur éclat mon obscur avenir,
Quoi! près d'eux vous m'avez placée ?

Là, des grands hommes, fils de ma vieille cité,
Les marbres animés, ainsi que dans un temple,
S'offrent à qui les contemple,
Rayonnants d'immortalité !

Et d'abord c'est Peiresc, ami de Galilée
Et de Campanella !
Grande âme que jamais une erreur n'a voilée,
Qui mesura son siècle et sut voir au delà.

C'est Vauvenargue, épris d'une morale pure,
Répandant sur nos maux sa sublime douceur,
Jugeant l'humanité sans blesser la nature,
  En généreux penseur.

Enfin c'est Mirabeau, qu'il suffit que l'on nomme,
C'est Mirabeau tonnant du geste et de la voix,
Avec la liberté fondant les droits de l'homme
  Sur d'éternelles lois !

Quelques autres encor dont la gloire s'élève
  Ont leur image ici,
Et votre sympathie a caressé le rêve
  De m'y placer aussi.

Ah ! je n'ai pas conçu cette orgueilleuse envie,
C'est la paix, non l'éclat qui convient à ma vie :
  Fatigué de lutter,
Ce qui charme mon cœur, ce qui vraiment le touche,
Ce sont les mots d'adieu sortis de votre bouche,
  Quand je vais vous quitter !

Vers nous il est si doux de voir des mains se tendre,
  Voulant nous retenir ;

De saisir des regards attendris, et d'entendre
  Des lèvres nous bénir !

Dans ce monde fécond en affronts, en injures,
A côté de l'envie et de la lâcheté,
Il est doux de penser qu'il est des âmes pures,
Qui versent leur dictame au poète insulté.

Ici, comme une sœur, vous m'avez accueillie,
Vous m'entourez encor à l'heure du départ.
Adieu, ne craignez pas que mon cœur vous oublie,
Ce cœur vers son berceau se tourne et se replie ;
  Vous avez sa meilleure part !...

Adieu, monsieur, je finis ma lettre ; on vient m'annoncer que les eaux du Rhône se retirent des terres; demain, les chemins seront praticables et nous reprendrons la route de Paris ; à cette pensée, mon cœur se serre. Paris, c'est le travail, c'est la lutte, ce sont les chaînes de tout genre; qu'oublieuse, j'avais, durant quelque temps secouées : pour avoir le courage de les porter encore je reviendrai souvent, par le souvenir, aux deux mois d'émotions que je viens de goûter.

FIN.

NOTE.

Ce que nous disons de Constantin, à la page 205, nous rappelle cette belle idée exprimée dans le cours de littérature de M. Villemain : » Quelle eût été l'in-
» fluence du christianisme sur la durée de l'empire
» s'il fût entré cent ans plus tôt dans les institutions
» romaines, sous Marc Aurèle, sous un prince aussi
» vertueux que Constantin fut vicieux et cruel ?

» L'imperfection de la vertu stoïque, c'était de n'ap-
» partenir qu'à quelques grandes âmes, d'être une ex-
» ception parmi les hommes, et de ne pouvoir des-
» cendre jusqu'à la foule. Ainsi de sublimes vertus,
» rien pour l'exemple du monde. Mais la loi chré-
» tienne, dans sa parole primitive, espèce de stoïcisme
» populaire et tempéré eût établi une liaison entres les
» hommes les plus obscurs et l'âme élevée de l'Empe-
» reur ; elle eût perpétué des bienfaits qui passèrent
» avec l'empereur. »

A LA MÊME LIBRAIRIE.

VOYAGE EN BULGARIE pendant l'année 1841, par M. Blanqui, membre de l'Institut de France. 1 vol. in-18 . . . . 3 fr. 50 c.
LES DERNIERS BRETONS, par Émile Souvestre. 4 vol. in-18. 14 fr. 50 c.
HISTOIRE DES FRANÇAIS DES DIVERS ÉTATS AUX CINQ DERNIERS SIÈCLES, par Amans-Alexis Monteil. 8 gros vol. in-8 . . . . 64 fr.
Cet ouvrage a été couronné deux fois par l'Institut.
DE LA PUISSANCE AMÉRICAINE, par le major Poussin, 2 beaux vol. in-8, avec une carte spéciale des États-Unis, 2ᵉ édition . . . . . 16 fr.
RÉVOLUTIONS DES PEUPLES DU NORD, par J.-M. Chopin, 4 vol. in-8. 32 fr.
NAPOLÉON ET L'ANGLETERRE, par le vicomte de Marquessac. 2 vol. in-8 . . . . 15 fr.
HISTOIRE DES LETTRES aux cinq premiers siècles du christianisme, par Amédée Duquesnel. 1 beau vol. in-8 . . . . 7 fr. 50 c.
HISTOIRE DES LETTRES depuis le Vᵉ jusqu'au XVIᵉ siècle, par Amédée Duquesnel. 1 beau vol. in-8 . . . . 7 fr. 50 c.
DU TRAVAIL INTELLECTUEL EN FRANCE, Résumé de la littérature française de 1815 à 1837, par Amédée Duquesnel. 2 vol. in-8. 2ᵉ édition, 15 fr.
HISTOIRE DES IDÉES LITTÉRAIRES EN FRANCE AU XIXᵉ SIÈCLE et de leurs origines dans les siècles antérieurs, par Alfred Michiels. 2 beaux vol. in-8 . . . . 15 fr.
CONTES POPULAIRES DES ANCIENS BRETONS, précédés d'un Essai sur l'origine des Épopées chevaleresques de la Table-Ronde, par Th. de la Villemarqué. 2 vol. in-8 . . . . 15 fr.
ÉTUDES SUR L'ALLEMAGNE, renfermant une histoire de la peinture allemande, par Alfred Michiels. 2 beaux vol. in-8 . . . . . 15 fr.
LETTRES INÉDITES de mademoiselle Philipon (madame Roland) adressées aux demoiselles Cannet, de 1772 à 1780. 2 vol. in-8 . . . 15 fr.
LA CHAMBRE DE LA REINE, par Pitre-Chevalier. 4 vol. in-8. 30 fr.
ÉLIZA DE RHODES, par Amédée Duquesnel. 2 vol. in-8 . . . 15 fr.
BRUNE ET BLONDE, par Pitre-Chevalier. 2 vol. in-8 . . . . 15 fr.
L'AMIRAL DE BRETAGNE, par Ernest Ménard. 2 vol. in-8 . . 15 fr.
WIELAND ou la Voix mystérieuse, par Brockden Brown. 2 vol. in-8. 15 fr.
LE POÈTE ET LE MONDE, par J.-I. Kraszewski. 1 vol. in-8. 7 fr. 50 c.
BLANCHE, par Justin Gensoul. 1 vol. in-8 . . . . 7 fr. 50 c.

ÉTUDES SUR LA BRETAGNE, PAR PITRE-CHEVALIER.

Jeanne de Monfort (époque guerrière, 1342). 2 vol. in-8. Prix : 15 fr.
Michel Colomb, le Tailleur d'images (époque des arts, 1490). 2 v. in-8. Prix : 15 fr.
Aliénor, prieure de Lok-Maria (époque de la ligue, 1594). 2 v. in-8. Prix : 15 fr.
Conan-le-Têtu (époque maritime, 1694), paraîtra le 1ᵉʳ août.

LES ENFANTS DE PARIS, PAR ÉMILE VANDER-BURCH,
SÉRIE DE ROMANS DE MŒURS PARISIENNES.

L'Armoire de fer, histoire d'avant-hier. 2 vol. in-8. Prix : 15 fr.
Zizi, Zozo et Zaza, histoire de trois étages. 2 vol. in-8. Prix : 15 fr.
Le Panier à salade, histoire de soixante-sept maisons. 2 vol. in-8. Prix : 15 fr.
La Maison maudite, histoire de cent ans. 2 vol. in-8. Prix : 15 fr.

AYME VERD, par sir Walter-Scott. 3 vol. in-8 . . . 24 fr.

www.ingramcontent.com/pod-product-compliance
Lightning Source LLC
Chambersburg PA
CBHW071859230426
43671CB00010B/1409